编 辑 艺 术

杨 牧 之 著

中华书局

图书在版编目(CIP)数据

编辑艺术/杨牧之著. —北京：中华书局, 2006.10
(2013.4 重印)
ISBN 978-7-101-05318-0

Ⅰ.编⋯ Ⅱ.杨⋯ Ⅲ.编辑工作–文集 Ⅳ.G232.53

中国版本图书馆 CIP 数据核字(2006)第 115227 号

书　　名　编辑艺术
著　　者　杨牧之
责任编辑　胡友鸣　李占领
出版发行　中华书局
　　　　　(北京市丰台区太平桥西里 38 号　100073)
　　　　　http://www.zhbc.com.cn
　　　　　E-mail: zhbc@zhbc.com.cn
印　　刷　北京雅昌彩色印刷有限公司
版　　次　2006 年 10 月北京第 1 版
　　　　　2013 年 4 月北京第 2 次印刷
规　　格　开本/635×965 毫米　1/16
　　　　　印张 14 $\frac{1}{4}$　字数 150 千字
印　　数　2501–5500 册
国际书号　ISBN 978-7-101-05318-0
定　　价　58.00 元

目　录

再版说明

　　1981 年，应文化发展的需要和社会各界的迫切需求，中华书局创办了以传播介绍中国古代优秀传统文化为己任，兼具知识性、普及性的《文史知识》杂志。《文史知识》问世后声名鹊起，以朴素、认真、求实的风格独树一帜，很快成为名牌刊物，赢得"大专家写小文章"、"带有文史知识辞典性质的刊物"的评价和"准确、生动、有用"的盛誉。最初几年，发行量呈几何级数增长，迅速成为广大热爱中国古代传统文化的读者的良师益友。创刊三周年时，应读者的强烈要求，居然把已出的全部刊物重印一遍。这在中外期刊史上亦属空前。至今，《文史知识》出版了三百余期，先后获得"中文核心期刊"、"CSSCI"、国家期刊奖"百种重点期刊"等殊荣。

　　这本《编辑艺术》，是杨牧之同志当年主持编辑《文史知识》的体会，其中包含着他多年编辑工作积累的成功经验，既有高屋建瓴的办刊宗旨和体现时代要求的编辑思想，又有行之有效的编辑操作和管理方式，对于当前的期刊乃至图书编辑工作，都具有启发和指导意义。

　　《编辑艺术》1990 年曾由辽宁人民出版社出版，早已售馨。许多年轻编辑都设法复印，以作为提高自己工作水平和业务能力的案头参考书。鉴于这种热切需求，我们征得作者和辽宁人民出版社的同意，同时增加一些与《文史知识》有关的插图，重新编排设计付梓，相信对广大热爱《文史知识》和从事编辑工作的读者将有所裨益。

中华书局编辑部

2006年9月

前　言

在《编辑艺术》排印之际，我还想说几句话。

本来这本书的一些篇章在刊物上刊出的时候，起名"编辑随笔"，因为文章写的是我做编辑工作的点滴体会，所以这个题目还是名副其实的。这次成书，把书名定为"编辑艺术"，我是经过再三考虑的。我做编辑工作虽然已有二十余年，但不论是个人的学术修养，还是从编辑实践的结果来看，都差得很远。点滴体会，哪里就谈得上是论说"艺术"呢？像《编辑工作二十讲》、《编辑学概论》那些前辈之作，才真正是编辑艺术的论著，令人叹服。但我还是把这本小书定名为"编辑艺术"。我是想，编辑工作并非业外的一些同志那样的看法，也不是一些编辑同仁对自己所从事的工作那样的评价。我认为编辑工作是一门艺术。你想想，要让天下的英才在百忙之中抛下他务，为你作文；要把文章组织好、安排好，让天下读者爱看你编的书、编的刊物，这没有点"艺术"，做得到吗？要把人类的历史、人类的文明，万千知识，像春雨一样滋润广大读者的心田，在空白版面这一大片"荒芜的土地上"建筑起赏心悦目的"高楼大厦"，没有点"艺术"，做得到吗？我虽然没有做到，但我热爱这项工作，我是把它作为一门艺术去追求、去探索的，也希望我的同行们把编辑工作作为一门艺术去追求、去探索。这就是我不揣浅陋，将这本书定名为"编辑艺术"的缘由。

应该说，写在这本《编辑艺术》中的一些经验，并不是我个人的体会，它是《文史知识》编辑部的朋友们的共同体会。《文史知识》编辑部，这是我一生中永远难忘的一个集体，它朝气蓬勃，它不断追求。这些青年朋友的努力集中到一点上，可以这样概括：要把编辑工作当做一门艺术去追求，首先要把编辑工作当做一项事业去追求。写书的是作家，画画的是画家，但如果没有编辑，他们的作品是难得以那样漂亮的面孔、那样高的质量问世的。可以毫无疑问地说：一部好作品问世，除了作者的才能和辛劳外，其中也凝聚着编辑人员的心血。编辑工作是向广大读者输送好书的工作，编辑是让读者从读书中得到精神陶冶、艺术享受的人。从事这样的工作，做这样一个人，难道不足以自慰吗？

所以，与其说我这本书谈了一些编辑工作的体会，不如说它表达了一个编辑的心愿：把编辑工作作为一门艺术去追求。印度大诗人泰戈尔有首诗常给我以鞭策，他在《飞鸟集》中写道：

"可能"问"不可能"道：

"你在哪里？"

它回答道：

"在那无能为力者的梦境里。"

愿以这首诗与我的同行们共勉。

北京南牌坊中午灯下

1989 年 12 月

一　什么样的刊物受欢迎

在办刊物之初，最让筹办者思虑的问题是："办个什么样的刊物会受欢迎？"你觉得某类刊物已经不少，不好再办，可是一家新的同类刊物办起来，居然大受欢迎。你觉得某类刊物是冷门，没人办，你办起来偏偏打不开局面。"办个什么样的刊物会受欢迎？"这个问题解决好了，才能谈其他问题，才能考虑"怎样办刊物才会受欢迎"的问题。

两个评选的启发

"办个什么样的刊物会受欢迎？"这个问题很不好回答。它牵扯的方面太多，恐怕不是哪个人拍拍脑袋就能解决得好的。但也有个简便的办法，可以看出点门道。现在，不少省、市的出版部门、杂志社都在搞评选，从这些评选的结果中去分析，可能会给我们一些启发。

我举两个例子。一个是《北京晚报》在 1985 年发起的"最佳杂志大家评"活动。因为《北京晚报》的对象主要是北京地区的读者，所以，它可以代表北京读者的意见。这次评选，

著名文学家、鲁迅研究专家唐弢为《文史知识》题辞

按专业门类评出了 15 种"最佳杂志"。这 15 种杂志是：

共青团团刊：《中国青年》、《辽宁青年》

青年思想教育刊物：《青年一代》

时事政治刊物：《半月谈》

文史类刊物：《文史知识》

文学刊物：《啄木鸟》

世界知识刊物：《世界博览》、《环球》

综合性法律刊物：《民主与法制》

电影刊物：《大众电影》

体育刊物：《新体育》

文化生活刊物：《八小时以外》

文摘刊物：《读者文摘》、《青年文摘》、《东西南北》

这是从 5000 张读者推荐票中统计出来的结果。这 15 种刊物可以分成四类：知识性的、娱乐性的、思想道德教育性的、文摘性的。

第二个例子是上海市 1988 年评出的"十佳期刊"。这"十佳"期刊是：

《世界之窗》

《书林》

《语文学习》

《现代家庭》

《收获》

《故事会》

《青年一代》

《小朋友》

全国人大常委会副委员长、九三学社创始人许德珩为《文史知识》题辞

《大众医学》

《科学画报》

这是从上海市 391 种期刊中评选出来的。评选工作分两个阶段。先是读者投票评选，分类统计票数，然后每类中得票最多的 10 种进入第二轮，由专家评选。上海的评选是群众与专家相结合的做法，有相当的群众性和权威性。这个评选大致可以代表上海读者的意见。

这一北一南两次评选都是很认真的，代表了两个地区绝大多数读者的意愿，也是符合实际情况的。从两次评选、两个结果，我们可以看出读者一些什么趋向呢？

《北京晚报》评选上的 15 种，介绍世界各地、各国情况的有两家：《世界博览》、《环球》；上海市评选出的"十佳"，介绍世界各地、各国风情的《世界之窗》名列榜首。这类刊物是一个热点，这好理解。显然这是由我国的大形势决定的。我们国家经过了长期的封闭，一旦改革开放，走向世界，读者便热切地想知道世界各地的风土人情，想了解世界的变化，所以，南北评选，这类刊物皆榜上有名。

再一点，就是有关青年思想教育方面的杂志，南北两个评选总共评上了三家，而其中《青年一代》被两家共同选中，可见其受欢迎之广泛。《青年一代》创刊不过十年，发行量竟然高达四五百万份，原因究竟何在？探索其中奥秘，恐怕还是大气候所致。粉碎"四人帮"后，人们的观念与"文化大革命"时期相比，发生了天翻地覆的变化。什么对，什么不对，都要好好想一想，再加上改革、开放，什么迪斯科、霹雳舞，什么性解放、艾滋病，什么自我设计、系统工程，纷至沓来。

青年人积极、敏感，接受快、模仿快，热得快、冷得快，一边探索、一边迷惘，不断寻求答案，不断否定自己，这些恐怕都是青年刊物走俏的原因吧！

还有一个热点，北京评选居然有三家文摘刊物中选。三家刊物我都读过，有的高雅，有的俚俗，但都有相当多的读者。据说甘肃的《读者文摘》发行最高峰达七百万份，真是了不起。这类刊物为什么能受欢迎？我和不少读者在聊天时，他们都说，现在大家很忙，而杂志太多，对大多数读者来说，他们并非研究某一门类的学者，他们不过想知道天下之事，知道就行，不想深究。我想，这就是文摘性刊物得以生存、发展的土壤吧？据《北京晚报》副总编辑韩天雨先生介绍，在5000份选票中间，大学以上文化水平的读者占17.8%，中等文化水平的读者占57.9%，二者合计占75.7%。这样一个大比例的读者群，无论是大学文化的还是中等文化的，都把《读者文摘》作为最受欢迎的刊物之一，其受欢迎的程度可见一斑。

谁也离不开时代的要求

归纳起来，最突出的一点，就是办杂志谁也离不开时代的要求，所谓应运而生是也。想当年，《读书》创刊，何等红火，许多人抢购《读书》，先睹为快。《文史知识》办了三年，应读者要求，居然全部重印。这在中外杂志史上恐怕也是独此一家吧？《读书》当年的红火，是因为当时倡导"解放思想"，"实践是检验真理的唯一标准"。《读书》主张"读书无禁区"，大胆探索；《文史知识》适应了"文化大革命"后形势的需要。"文化大革命"大革了文化的命，痛定思痛，大家又重新学习中国历史、中国文化，中华书局及时地给读者送去了《文史知识》。

回忆中国的报刊史，又何尝不是如此？一般来说，报刊界大都认为中国历史上最早的一本杂志是《察世俗每月统记传》（察世俗是 Chinese 的音译，统记传，即无所不记，广为传播之意），照今天的译法大概就是《中文月刊》的意思。它诞生于1815年的马六甲，由梁阿发兄弟和美国传教士马礼逊创办。当时，正值西方力量东来，该刊一方面传播西方宗教，

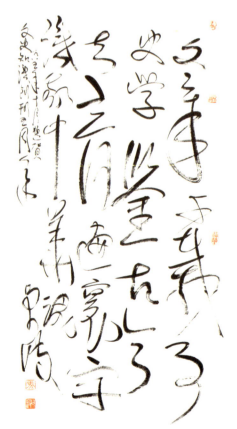

杰出剧作家、戏剧理论家马少波为《文史知识》题辞

同时亦介绍国内外新闻和西方科学知识；清朝末年，反帝制，要维新，出现了《民报》、《浙江潮》、《东方杂志》；五四运动前后，要科学、要民主，出现了《新青年》、《现代评论》；20世纪30年代，出现了《新中华》、《中学生》；抗日战争爆发，为宣传抗日救亡，有更多的杂志出现。这些杂志因为战争动乱，有两大特色：一是新闻刊物风行，一是为携带方便，多出袖珍本，42开、64开的都有。

相反的例子也很多。

西方宗教东来，为适应宗教传播的需要，有人创办了《教会新闻》。但中国人对于西方宗教，不信的多，半信半疑的多，所以出到三百期就不得不改名为《万国公报》，兼言时事政治和宗教理论。然而，还是不能适应大多数读者的需要，眼看订户日减，只好增出《益智新录》，专谈现代科学，以为辅助。教士为了达到传教的目的，将刊物办下去，不得不屡次改变刊物的体例，然而几经挣扎，还是不得不停刊。我国著名的报刊史专家戈公振先生在《中国报学史》中论述得很中肯。他说："盖出资者多教士，主张尽登有关传教之文字，而普通阅者又注重时事，故于政教二方面之材料，颇难无以偏重。"普通读者注意时事，出资者意在传教，脱离时代，脱离读者，这也就是为什么最后还是逃不脱停刊厄运的原因吧？

怎样才算有时代感

同样一本符合时代要求的刊物，有的生存、发展，有的不久便偃旗息鼓，办不下去了，什么原因呢？这中间就有一个如何认识时代、如何为时代服务的问题了。

我们还是以《文史知识》为例。《文史知识》是以介绍中国历史、中国古典文学为主要内容的刊物，也就是介绍中国古代文化。介绍中国古代文化这样一种杂志有什么时代感？难道我们今天说秦始皇第一个统一了中国，五十年前就不这么说吗？这话似乎也有道理，但是所谓"时代感"的含义却不在这里。

《文史知识》是1980年下半年酝酿创办、1981年1月创刊的。当时，中共中央党校的教务长宋振庭同志给《文史知识》写的"代发刊词"提出了如下令人深思的问题：

> 为什么不分时间、地点，"全民上阵"去砍光树木，烧石炼"铁"，甚至用大缸、土炮楼炼铁？虽然一个高小的化学教员都能明白，那炼出来的并不是铁，那是高硫的石头巴巴，但谁又能制止得住？

> 为什么中央广播电台在讲到全世界的人的长寿材料时，却偏把唐朝的中医师孙思邈（读秒）硬读成孙思帽，还说佘太君活了一百岁，他连小说人物和历史人物都分不清，我真担心他会再举出孙悟空活了几百万岁的例子哩！

答案很清楚，十年动乱，大革了文化的命，"四人帮"全盘否定中华民族灿烂的古代文化，使许多人，特别是青年人，对自己祖国的光辉历史、灿烂文化，一无所知。他们对自己祖国的文化并非不爱，而是不知道有什么可爱。列宁曾经断言："在一个文盲众多的国家里，绝不可能建成社会主义。"创办《文史知识》这样一个普及刊物，正是符合了当时社会的

知古不知今，谓之陆沈。

知今不知古，谓之盲瞽。

录王充语，敬祝

"文史知识"越办越好。

周培源

一九八三年十二月

著名科学家、教育家周培源为
《文史知识》题辞

需要，也可以说是时代的需要。

　　创刊伊始，我们立下宗旨：扎扎实实介绍中华民族五千年的灿烂文化，要准确、系统、生动、有用。但光有这样一个大的"时代感"还不够。读者的兴趣、口味，也就是说读者的需要会不断变化，作为一本杂志，必须充分考虑到这个"不断变化"。所以，我们注意不断调整刊物内容的中心。我们一方面坚持介绍基本的文史知识，不哗众取宠，以踏实取胜；一方面我们密切注意社会的需要。比如，社会上大讲《岳飞传》、《杨家将》，历史与小说共存，信史与传说同在，很多读者急需对二者进行科学的区分，我们便组织了《历史上的岳飞和小说中的岳飞》、《杨家将的历史和传说》等文章，告诉读者历史上的岳飞、杨家将是什么样，小说中的岳飞和杨家将又是什么样，以及为什么会有那些不同。又如，一个时期，社会上武侠小说泛滥，一部武侠小说一印几十万，甚至上百万，原因何在？简单地否定是容易的，但并不能说服人，也不能从根本上解决问题。我们便组织专文《〈三侠五义〉是一部思想平庸的书》，通过对《三侠五义》的解剖，纵谈武侠小说产生的背景，"平庸"在何处，并细致地分析了它为什么能吸引读者，以及究竟应给武侠小说以怎样的历史地位等问题。近年来，广大青年十分关心方法论的讨论，北京读者郑克伟投书《文史知识》，他说，"仅仅用过去的手段，一本书一本书慢慢啃，把老一辈学者已经走过的老路重复走一遍，然后再开始研究新问题，恐怕我们这一代人永远赶不上学术发展的速度，也永远超不过老一代学者"。对这个问题怎样看，可以讨论。但这个问题确实是《文史知识》读者所关心的问题。我们的"治学之道"一栏就是向读者介绍治学的方法、经验的，所以，讨论这个问题是读者的需要、是建设四化的需要，因此也就是时代的需要。显然，不在刊物上讨论和研究这个问题，就会脱离读者。经过仔细研究、周密准备，我们在刊物上开展了"八十年代我们怎样治学"的讨论，连载四次，还组织了三次座谈会，邀请了北京大学、清华大学、北京师范大学、中国人民大学等三十几位同学参加，还邀请了邓广铭、李泽厚、金开诚、林甘泉等十几位专家学者参加。虽然他们的观点不同，有的甚至相反，但他们的发言刊出后受到了读者的热烈欢迎。辽宁、江苏等省的大学和科研单位还来函索取讨论的资料。

"时代感"还体现在刊出的文章要有最新、最高的学术水平。有人也许认为，一本知识性的刊物，介绍一下基础知识足够了，不必要也不可能反映学术上的最新成果和水平。我认为这种看法不对。这种看法，正是一个知识性、普及性刊物办不出水平的根本原因。一般要学习知识的读者，他当然要了解基础知识，但他要了解的是最新水平的基础知识，要了解最新研究成果。作为一个编辑就应该把这样的知识介绍给读者，使读者从学基础知识开始，就接触到当前的最高水

北京大学教授吴组缃
为《文史知识》题辞

平。这就要求我们了解学术界动态、研究水平和作者的研究情况。

从《文史知识》的努力，可以见到这个指导思想的成效。如："劳动创造了人"、"劳动创造世界"，恩格斯第一次提出了这一伟大论断，但这一论断的证据何在？北京人化石的发现为这一论断提供了一个证据。那么，北京人化石是怎样发现的呢？我们请北京人化石的发现者之一、80 高龄的贾兰坡先生撰写了《北京人化石发现记》。贾老的文章生动而令人信服地回忆了五十多年前发现北京人化石的情况，有力地论述了这一发现的重大意义。可以说，此文有传世的价值，毋庸讳言，再过一些年，还有谁能写北京人化石发现的"亲历记"呢？中国大陆是一块宝地，第一个北京人化石发现的五十五年之后，1984 年 10 月 2 日，又一具猿人头骨金牛山（在辽宁省营口县）猿人化石被发现了。它的价值何在？它的发掘情况如何？我们又请金牛山猿人化石的发现者吕遵谔同志撰文。编辑部为能组到这样一些稿子而感到快乐，读者为能订阅到这样的刊物而感到满意。又如，我们请著名古文字学家李学勤先生撰写了《古文字学十二讲》，他不但总结性地介绍了古文字学研究的成果，还开列了古文字学研究面临的十五个课题。可以说，这一组文章，既总结了过去，又展望了未来，而且提出了当前研究的课题。十二篇文章连载过后，我们以《古文字学初阶》为名结集出版，哪里料到，一本谈古文字学研究这样专门的书，居然印了 4 万册。此外，我们还开设了"历史学家谈怎样研究历史"专栏，其中重要的一点，是要求为此栏撰文的历史学家重点介绍某段历史、某个学科或某一问题的研究现状、争论的焦点、今后研究的重点。还开设了"文史信息"和"文史研究动态"两个专栏。

谈到这里，我们可不可以这样概括，我们办刊的所谓"时代感"，一是时代需要你这本刊物，一是刊物中的文章反映了当前时代的学术水平，能解决当前时代提出的问题（当然指你的刊物所介绍的专业范围）。就拿《文史知识》来说，它主要是介绍传统文化，但传统文化内容太丰富了，孰先孰后，孰轻孰重，就要由这个"时代感"来决定了。

一贯热情支持《文史知识》的专家学者（部分）
在《文史知识》座谈会上。左起：李学勤、杨
伯峻、周沙尘、周振甫、陈宏天、严绍璗。

1985年《文史知识》编辑部同志合影。
左起：黄克、刘良富、陈仲奇、张荷、
杨牧之、刘叶秋（商务印书馆编审）、胡
友鸣、冯宝志、余喆、马欣来、华晓林。

二　雅与俗

　　"雅"与"俗"是一对矛盾，也是确定读者对象的大问题。大家总说要"雅俗共赏"，但怎样能做到雅俗共赏呢？"雅"是什么？"俗"又是什么？怎样处理好"雅"与"俗"之间的关系？这些问题都很值得探讨。

要让两个层次的读者都有用

　　《文史知识》创刊之前，社会上已经有不少有关文史的刊物了。我们要把《文史知识》办成什么样子？过"雅"，则深。阳春白雪固然高洁，然而"国中属而和者不过数十人"，不符合我们向广大读者宣传、介绍中华民族五千年灿烂文化的宗旨。过"俗"，发行面可能会大，经济效益会好，但不利于读者的提高。经过反复考虑，再三实践，我们决定把《文史知识》办成这样一种杂志：它介绍的是基本知识，但又是有学术水平、反映最新研究成果的基本知识。这些知识，中等文化水平的读者，经过努力，可以看懂。这中等文化水平的读者好比达到了"升堂"的水平，而《文史知识》可以帮助他

"入室"。但正如由"升堂"而"入室"必须"经过努力"一样，中等文化水平的读者要读懂《文史知识》也要经过努力。经过努力看懂的文章，与一看就懂的文章是不一样的。事实证明，轻易到手的东西人们是不很珍惜的，经过艰苦奋斗得来的东西才感到宝贵。

对中等文化水平读者合适的东西，文化水平高的读者为什么也能喜欢，也能接受呢？道理也很简单。中国古代文献浩如烟海，为世界所羡慕。黑格尔在《历史哲学》一书中说："中国人有最完备的国史。"我国古代文献，据称多则20万种，少则也有10余万种。然而，被人羡慕不见得都让人愉快。"吾生也有涯，而知也无涯"，这样多的文献，一个人终其一生也很难读完，即便是专门家，恐怕也没有精力全部涉猎。中国传统的治学方法有很大局限性，这就是"皓首穷经"。这样一来，除掉他研究的那一门、那一经，其他门类恐怕已经没有多少时间再去"穷究"了。由于这两个原因，使文化水平高的读者欢迎《文史知识》不但是可能的，也是我们应该努力的。

这样的选题可以雅俗共赏

经过这样分析，我们心里有了一个尺寸、一个标准。但怎样具体落实呢？说得具体一点，也就是什么样的选题具备上述的条件呢？还是让我们结合具体的例子来谈吧。

《文史知识》在"文学史百题"栏内曾经发过《诗歌史上的双子星座——李白与杜甫》一文。李白与杜甫是两个伟大的诗人，对于具有大学水平的读者，这个命题所包含的内容：①诗歌史的一般情况；②李白与杜甫的各自地位，各自特点；③他们之间的关系；④为什么说是双子星座，等等，可以说都会了解，不成为问题。而对于中等偏上文化水平的读者，这些内容又恰是他们所要求知道的。也就是说，雅俗共赏两方面，"俗"的方面做到了。但怎样满足"雅"的方面的需要呢？安排这个选题时，我们考虑到更深一层的背景。这些背景所包括的内容，文化水平高的人需要知道，中等文化水平的读者也应该知道。这是什么"背景"呢？熟悉文坛掌故的同志都知道，《诗歌史上的双子星座》是1962年郭老（沫若）在纪念杜甫诞生一千二百五十周年大会上的开幕词的题目。那时候，郭老热情洋溢地赞美李白、杜甫，把他们比喻为"诗歌史上并列着发出不灭的光辉的双子星座"。但是，十年之后，他出版了《李白与杜甫》一书，一改旧见，抑杜扬李，把杜甫说得一无是处。郭沫若同志是研究社会科学的权威，他的观点很有影响。那么，他抑杜扬李对不对？这个问题很现实，文化水平高的读者需要探讨，对于一般读者，它又属于新的问题，也应当知道。所以，《诗歌史上的双子星座——李白与杜甫》这一题目本身就寓有深意。熟悉情况的同志看到这个题目，就想看看"它"和郭老所谈有什么异同。文章作者不负众望，他从"不同的创作道路"、"不同的创作方法"、"不同的艺术风格"等方面论述了这样一个论点：李、杜在中国诗歌发展史上各自做出的独特贡献是无法抹杀的，主观地采取简单的扬此抑彼的态度，无法改变他们在诗歌史上的双子星座的地位。应该说，这篇文章，既反映了百家争鸣的新动态，又反映此件是复旦大学教授朱东润为《文史知识》撰写的"治学之道"原稿（部分）。蝇头小楷，工工整整，一位举世皆知的大学者这样认真的态度，令人钦佩。

了学术研究方面的新进步。它是兼顾了文化水平较高读者和中等偏上读者的需要的。这是对一个具体实例的解剖。

我们再从一个栏目一年的全部选题来解剖。如"文史信箱"栏，看起来这似乎是一个"通俗"的栏目，是解答一些具体问题的，怎样做到雅俗共赏呢？这里，我先把"文史信箱"

1986 年所发的全部题目抄录于下，然后我们再做分析。这些题目是：

中国古代皇帝有哪几种称谓

"扬州八怪"究竟指哪几位画家

古代外国人怎样称呼中国

"木牛流马"是什么样的运输工具

《三国演义》中丰富生动的情节都是虚构的吗

为什么说中国有五千年的文明史

为什么说黄河流域是中华民族的摇篮

清代皇帝怎样避暑

古诗为什么会出现异文

怎样认识佛教徒的人生观和道德观

"八仙"的来历

"清宫四大奇案"是怎么回事

一般来说，这些问题都很具体，很重要，知识性强，也很有趣味。制定"文史信箱"的选题，我们掌握一个原则，那就是所要介绍的问题大家都知道一些，但又说不详细，说不具体，说不清楚。"大家都知道一些"，说明这个问题的普及性和通俗性；"但又说不清楚"，说明它有一定难度和深度。"大家都知道一些"，才能引起读者的注意，他才会想，这个问题是个问题，刊登它有必要；"但又说不清楚"，才能吸引他读下去，看看究竟是怎么回事，弄弄清楚。试想想，读者的心理是不是这样呢？如果我们自己见到自己知道一些而又说不清楚的题目，想不想看个究竟呢？这就是我对读者心理的基本分析。

华东师范大学

牧之同志：

久不通信，热忱恭候安好，工作顺利。

近日我去的两文章是1980年在香港大公报"艺林"栏中发表过的。当初想写一组设金龙刻的文章总名"翠墨丝语"，写了两篇，停止下来，没有续写。

现在我想续家这"丝语"，打算另写十篇出来，我想给"文史知识"1987年每期一篇，你确能纳入计划，现在把我已发表过的两篇寄上请体先往往来，如可用，则这两篇载用在1987第1～4期，以后每月寄上一篇，行不行？

此问好

施蛰存
8.8.

（文稿另封寄）

著名学者施蛰存致编辑部同志信

　　我觉得上述十二个题目就具有这个特点，这个特点，可以说就是"雅""俗"两方面都感兴趣，都关心。而我们约请的作者，又都是对相关问题有研究的同志，是专门家，他们写的文章深入浅出，醇厚耐读，效果当然很好。

　　从两个统计数字，可以看出我们对于"雅俗共赏"的做法是成功的。

1984 年，《文史知识》曾经做了一次读者调查，从几万份"读者意见表"中，我们选取 1000 份作了一个统计，其中 20—30 岁的读者占 59%，31 岁及以上的读者占 35%（有 6% 的读者没有注明年龄）。而在这样一个年龄构成的读者群中，认为刊物深浅合适的占 66%，认为深了的占 28%，认为浅了的占 6%。

关于读者的反映，我想起了几件很有意思的事情。

当代著名的大诗人臧克家先生，每次我到他家里去，他都和我大谈他如何喜欢《文史知识》。他说，他是《文史知识》的第一读者。他有 50 多种杂志，惟独《文史知识》，他是每期必看，格外钟爱。我问他："您学问渊博，造诣深厚，《文史知识》这样一本普及刊物对您还有什么用呢？"臧老说："任何人都有许多不够的方面，不懂的东西。《文史知识》正是为我提供了补充的方便。"最初他和我谈这些话时，我总认为臧老是在鼓励我们。但当我读到他的来信，不由得怦然心动。他在信中说：

> 《文史知识》创刊以来，总不离手。每晚卧床上，灯下研读，习以为常，红圈蓝线，乱杂字行间，自得其乐。作品坚实，编者竭力，五年之间，成绩斐然。声誉日隆，读者日众，欣然口占四句，以抒益我之情。

> 结识良朋历五年，殷勤夜夜伴孤眠。

著名诗人臧克家在《文史知识》五周年座谈会上宣读他的贺诗

结识良朋历五年，殷殷慈
夜律孤眠，文章读到会
心处，顿觉灯花亦灿然。

臧克家

臧克家先生为《文史知识》五周年所作的贺诗

　　文章读到会心处，顿觉灯花亦灿然。

　　当我有机会看到臧老读过的《文史知识》，看到那"乱杂字行间"的"红圈蓝线"时，我更加激动。我始则十分钦敬，这样了不起的大诗人尚如此好学，继而为我们能给臧老、能为广大读者做一点工作而感到快乐。

　　程千帆先生，是当今研究古典文学的著名专家，他常对弟子们说：他只订两种杂志，其中之一便是《文史知识》。

宋振庭同志，多年做党的宣传工作，写了许多漂亮文章，且书画俱佳，多次举办个人书画展览会。他在给《文汇报》写的文章《发人深思的三个数字——谈谈〈文史知识〉月刊》中说："中国文化、中国文史知识，十年动乱，地层紊乱，断手再植，断臂再植，血管骨骼都断了，现在很需要将两个时代、两个历史连接起来，把血管疏通，骨骼接通。现在老一辈已大多离开我们，次一辈也进入垂老之年，对此我深为感慨。'江山代有才人出，各领风骚数百年。'老的死了，小的还会出来，可是这个地层断裂，上下两代不通，文化中断，对此我们的忧虑不是无因的。《文史知识》这样的刊物可以使上下两代，血管疏通；可以使大小专家们留点遗产，给将来的中国文化打下更好的基础。"

这些老同志、老前辈的话语，既是对我们工作的鼓励、对我们工作的肯定，同时，也是对我们今后工作的希望。

最忌讳的是摇摆不定

《文史知识》创刊以来在雅与俗的关系问题上下了很大功夫。所谓"雅"，就是文化水平高的人可以看，但它又有一个限制，那就是中等文化水平的同志，"经过努力"可以看懂。离开了后一个条件，那就是过"雅"，那就是"和者盖寡"。所谓"俗"，就是中等文化水平的同志需要，而对文化水平高的同志"也有用"。这就是《文史知识》的读者对象。

六年来，《文史知识》严格遵循这样一个水平，它的发行量虽不算很大，但在同类的刊物中也可以说"首屈一指"了。1981年创刊时只发行3万多册，1982年达到7万册，1983年翻一番，达到14万册，1984年一跃而为21万册。1985年、1986年因为纸张、印装费用上涨，两年中不得不两次涨价，但订户仍能保持在17万~20万之间。

刊物要有自己明确的读者对象，最忌讳的就是摇摆不定。一会儿"中等偏上"，一会儿又感到面窄了，改为"中等偏下"；一会儿看看不行，再改回"中等偏上"。改来改去，把读者全改走了。中等偏上的读者看到刊物浅了，他不订了；编者一看订户下降，又往回改，新订户看看深了，他退订了，而老订户不知道你又改回来了，他也不订，岂非两面不得好？所以，一本刊物千万不能随便改变读者对象，而要把精力用在研究怎样满足你的读者对象的要求和爱好上。

相比较而言，单纯"雅"是好办的，单纯"俗"也是好办的，惟独"雅俗共赏"不好办。这个道理很好理解，因为一个栏目、一篇文章要使两个层次的读者满意，不是比单纯让一个层次的读者满意难办多了吗？但是难办并非不能办，通过研究、实践，总能办成。

三　专门家与无名作者

　　我们在编刊物的过程中，常听到人家批评：你们刊物的作者专家太多。这个批评说出了一个现象：《文史知识》的作者队伍中专门家多。可是尽量请专门家撰文，正是我们刊物的主张。我们是这样想的：专门家对所论述的问题有专门研究，他们所写文章一般都有较高的质量，能给读者准确的知识，这不是很好吗？

　　也许有人会说，你这是专家路线，照你这样去做，怎样培养青年作者呢？让我来详细谈谈我们的"专家路线"。

什么叫专门家

　　在一般人心目中，专家一定是教授、研究员，一定是一大把年纪了。不错，这些人是专家，但与我们的专家定义还不尽相同。《文史知识》从创刊之日起就抱定了一条原则，我们的作者不论是名人、非名人，都要对他所撰述的那个问题有研究，是他所撰述的那个问题的专门家。这个"专家"，不见得是教授、研究员，也可能是名不见经传的"小人物"；不

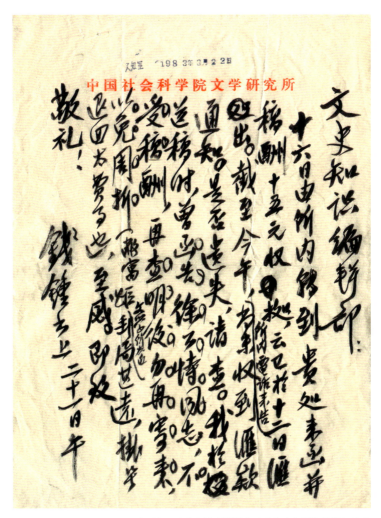

1983年3月21日著名学者钱锺书致《文史知识》编辑部的信

见得非得一把年纪，也可能是三四十岁的青年学者。

拿具体的实例来说吧。"文史工具书介绍"一栏，从创刊第 1 期到总第 10 期所发的 10 篇文章的题目和作者是这样的：

诗文典故的渊薮《佩文韵府》和《骈字类编》(陈宏天)

《康熙字典》与《中华大字典》(刘叶秋)

《辞源》与《辞海》(赵克勤)

张相及其《诗词曲语辞汇释》(卢润祥)

《说文解字》及其在文献阅读中的应用(陆宗达)

古籍目录及其功用(高路明)

打开历史文献的一把钥匙——《书目答问》及《补正》(骈宇骞)

考史必备的工具书《二十史朔闰表》(刘乃和)

顾祖禹和《读史方舆纪要》(杨济安)

《艺文类聚》和《初学记》(许逸民)

这10篇文章并不是按我的论点需要挑选出来的,而是从创刊第1期到总第10期按顺序从目录上一篇不漏地抄来的。刘叶秋、陆宗达、刘乃和、杨济安四位先生是大家公认的专家学者;另外的六位,陈宏天、赵克勤、卢润祥、许逸民当时还只有40岁上下,职称也还是讲师或编辑,而高、骈二位还只有30岁,尽管如此,他们仍然是他们所写的那个题目的专家。陈宏天,当时是北京大学讲师,他主讲"文史工具书"课,著有《文史工具书使用法》一书,《佩文韵府》、《骈字类编》是必讲的两部重要工具书。高路明是北京大学青年教师,当时她已主讲了两次"目录版本学"课。骈宇骞、许逸民均为中华书局编辑,当时骈为《书目答问补正》的责任编辑,许为《初学记》的责任编辑,且编有《初学记索引》。赵克勤则为商务印书馆汉语编辑室主任。卢润祥是上海辞书出版社编辑,对元曲颇有研究,著有《元人小令选》一书。

大家看了我的介绍后，能说他们（这些"无名作者"）不是他们所撰述的那个题目的"专门家"吗？即便是大家公认的专家学者，刘、陆、刘、杨四位先生，我们也不是"慕其名也"，而是看重他们的实学。他们确是对所撰文章的内容深有研究。刘叶秋先生是《辞源》（修订本）二位主编之一，谈工具书如数家珍。陆宗达先生一生致力于《说文解字》的研究。杨济安先生是研究历史地理的专家，《读史方舆纪要》正是他反复研读过的历史地理书。刘乃和先生，一生做陈垣老的助手，对文史工具书可谓了如指掌。

这样的作者写出的文章当然有水平，让编辑放心，也会赢得读者的信任。做买卖要讲究"货真价实"，编刊物也要"货真价实"。

专门家为什么会给你写文章

请专门家写稿，困难大，因为专门家谁都去请，他要应酬的刊物多，在众多的刊物中他能给你写，要费点力气。但这里恐怕也有辩证法。

开头，你的刊物影响还不大，请专家写稿，费劲，他给你写稿是他支持你；到后来，你的刊物办好了，质量高，订户多，影响大，他也就愿意给你的刊物写稿了。南京大学卞孝萱先生曾对人说："我同一时期，曾经在几个刊物上发表了文章，只有《文史知识》上登的那一篇，朋友们见面都说读过了，其他几篇无人提起。今后有文章还是要在《文史知识》上发。"还有一些作者，感到在这样一种刊物上发表文章，能

南 京 大 学

《文史知识》编辑部转
周培源先生

培源先生：

　　拜读《向学成才离有文史知识》一文受益匪浅，亦极
竟相转载，足见意见正确，影响巨大。

　　正因学此，我想对理想一点意见，所谓"者夫者意
则者"。

　　您引用兰可桢先生"考证"王○晓涛，以为李白"黄鹤楼上"
当作"黄鹤矶上"，作为"把自己钻研引入成才故事的领域"
的证据。而相对照理的复述，您先生未必信服，正因第一节实
下笔冲直上之，婉雨已，其实量无论证。连字述几个字句后
东不索其自的时……侦破段说……希望不是成才路上的圆
证据，这算什么"考证"呢？

　　其实，这一个事，从清初到七十年代末，不断有人讨论
（其中包括理多著名同事林庚教授）。但对人皆科其有
关这一向起的学者文献置之不理，即单挑举先生等先生的
"考证"偏好定论，这种独尊我方作风，不希有人认为是这礼
果德更重要。用有争议的问题作为例证，也难以说服力。

　　您是故事等云和学养、文质堂者的领导人，不知教如
大　学
　　实研究一下望用在文章中举考的例证，加以改诸吗？
孔子曰："丘之幸，者有过，人必知之。"
　　　　顺颂
　　养安！

　　　　　　　　　　　　　　　　程○帆上
　　　　　　　　　　　　　　　　七月十七日

《文史知识》编辑部转周培源先生

培源先生：

尊撰《自学成才要有文史知识》一文发表后，各报竞相转载，足见意见正确，影响巨大。

正由于此，我想对您提一点意见，所谓"春秋责备贤者"。

您引用竺可桢先生"考证"王之涣诗，认为今本"黄河远上"当作"黄沙直上"，作为"把自然科学引入版本校勘学的领域"的证据。而根据您的复述，竺先生不过指出，玉门关一带实有"黄沙直上"之景而已，其它并无论证。连此诗的异文"后来不知在何时……便被改成……"都举不出版本学上的证据，这算什么"考证"呢？

其实，这重公案，从清初到七十年代末，不断有人讨论（其中包括您多年的同事林庚教授）。您对人所共知的有关这一问题的许多文献置之不理，却单独举出竺先生的"考证"作为定论，这种态度和方法似乎都不能认为是谨严慎重的。用有争议的问题作为例证，也缺少说服力。

您是教育界和科学界久负盛名的领导人，不知能切实研究一下您自己文章中举出的例证，加以澄清否？

孔子曰："丘也幸，苟有过，人必知之。"

顺颂

著安！

程千帆上
六月十七日

作者注：

周培源先生给《文史知识》撰文指出青年人自学成才要有文史知识。他以中国历史上著名的科学家、文学家为例，说明如果没有掌握我国的语文知识、基本写作技能，缺乏历史、地理等应有的常识，他就不能算作有相当文化素养的中国人。他还以世界著名的气象学家、物候学家竺可桢先生为例，说明自然科学工作者学习古代文学、历史知识的重要，非常有见地。

程千帆先生认为周先生文章所举王之涣的诗是一个有争议的公案，既然有争议就不能作为证据来阐述问题。程先生这种认真严肃的态度值得我们很好地学习。

周培源谈自学成才

周培源在《文史知识》发表的文章说，以青年自学成才来说，二十世纪的中国出了两位世界典范。一位是鲁迅，一位是郭沫若。他们在青年时代都到日本去自愿学医，后来当他们看到中国人民在封建统治和帝国主义侵略之下遭受水深火热的苦难生活，才改学文史、实践与斗争，为近代中国最伟大的革命文学家。

鲁迅先生成为近代中国最伟大的革命文学家。郭沫若是文学家、诗人、考古家、金石学家、书法家、翻译家，是一个在艺术领域里作出突出贡献的人才。他们二位是青年自学成才的光辉榜样。

当然，我们不能希望鲁迅和郭沫若这样的大家。但是另一方面，基本写作技能，如果没有构成一定的语文知识、基本历史、地理等应有的常识，在我所认识的老一辈的中国人中，都算不上有文化素养应有的常识的中国人。

知识分子青中，俊有九十二岁高龄的社会科学家许德珩，不用说，他的诗、文、书法都有很高的造诣。即使在自然科学家中，也有不少人具有精湛的文史知识。例如，竺可桢是我国和世界著名的气象学家和物候学家，对我国古典文学十分爱好，广泛阅读，至老不衰。他在专业的研究中，大量地引用了古典文献。他在物候学的研究中，引用了符合古代的诗句作为证明。例如，在谈到长江黄河流域海拔超过四千米的地方上都不但长夏无冰雪时，也无花只有寒作者，就引李白《塞下曲》「五月天山雪，无花只有寒时。笛中闻折柳，春色未曾看。」说明道是记录。

上白云间，一片孤城万仞山。羌笛何须怨杨柳，春风不度玉门关。即使在合乎凉州以西玉门关一带春天情况的，唐朝元时代，写边塞诗的诗人，对于安西、玉门都要想起黄沙门王之涣《凉州词》第一句便被改成「黄河远上白云间」。到如今，书店流行的唐诗选本，沿用改编的句子。实际上黄河道，竺可桢谈不上有什么关系。可见，比一般的考证更进一步。竺不但推动自然科学工作，如果有更广泛的文史知识，还能反过来影响文史研究本身的科学研究。

例如，王之涣《凉州词》「黄沙直上白云间」。

（摘自《文史知识》）

1982年9月29日《大公报》摘发了周培源发表在《文史知识》（1982年5月刊）上的文章

与那么多有本事的专门家为伍，很带劲。从某种意义上讲，是你"支持"他了。

从"他支持你"，到"你支持他"，这个转化不容易，要付出巨大的劳动。其中甘苦，局外人很难知道。

记得《文史知识》创刊之初，社会上又关心起岳飞《满江红》的真伪问题来。为了满足读者的需要，我们便请当年曾经参与这一讨论的北京大学著名教授邓广铭先生撰文，说好春节后交稿。春节刚过，我和编辑部的另一位编辑骑着自行车，从中华书局奔向北京大学。敲门入座，邓先生颇为愕然。大概是工作太忙，邓先生一时忘了与我们约定的时间。我们忙说，如没写好，过几天也行。我们见先生确实忙，便提议：他讲，我们录音，由我们整理好后，再交他修改定稿。当邓先生听说我们是骑自行车来的，颇为动容，连声说："后天一定谈，后天一定谈。"隔一天，我们又骑车而去，刚下过雪，路很滑，但想到这次这篇稿子跑不了了，心里颇为高兴。录音、整理、誊清、修改、定稿，为了这篇文章，不知费了多少心思，终于发稿了。这篇文章因为能及时参加讨论，又是这次讨论中"肯定说"的代表人物所写，赢得了读者的好评。

这件事给我很大启发，许多学有专长的先生，他们是不轻易动笔的，只要能说服他们撰文，常能得到理想效果。比如杨伯峻等先生的《经书浅谈》、李学勤先生的《古文字学十二讲》、吴世昌先生的《花间词简论》、任继愈先生的《佛教与儒教》、周一良先生的《怎样研究魏晋南北朝史》、贾兰坡先生的《北京人化石发现记》、朱家溍先生的《电影〈火烧圆明园〉、〈垂帘听政〉答客问》、傅璇琮先生的《关于唐代文学研究的一些想法》，都是再三相约才写的。这些文章都得到读者的欢迎，成为《文史知识》的光荣。组稿，组来好稿，一是靠对选题高度的敏感，一是靠对好文章出众的鉴赏力，一是选择合适的高水平的作者，但最关紧要的是对事业的热诚，对于工作、对于理想的执著追求。

此外，为了得到专门家写的质量高的稿子，我们在组织上还采取了一些措施。编辑部外有两个组织，一个是编委会，一个是特约通讯员网。编委会成员的主要条件与很多刊物都是一样的，但我们还有一个特殊的要求，那就是联系面广，能为刊物组织到高质量的稿子。编委会成员都在北京，层次文史知识编辑同志：

来信和转寄的沈激之同志信，均已拜读。沈信所指出的，我在文章中说岳飞"喜欢卖弄一下自己的文才，写之题记"，使他不胜无憾。我觉得他的这个意见很好。我那句话，确实有些措词不当。在文章刊出后，我看到这一句时，当时即发生了这样的感觉，但已无法改正了，所以，再后来在写《再论岳飞的满江红词不是伪作》一文时，就不再这样说了。

对于岳飞幼少年期内文化水平的估计，沈信根据《宋史·岳飞传》提出不同意见，对此，我却依然不改变我的意见。因为，《宋史·岳飞传》是从岳珂的《鄂王行实编年》脱胎来的，而岳珂对岳飞幼少年期内的生活情况所知至少，对于他曾作"庄客"（即佃户）等了却讳莫如深，却又虚构了许多溢美之辞，如"家贫力学，尤好左氏春秋""结束武伎"等话语即是。这些溢美之辞，我认为是不能置信的。我写的那篇《再论》，已在山东大学的《文史哲》今年第一期上刊出。沈同志如能看到，也许对他的这一看法有所改变。此复，顺致

敬礼！

沈文还请寄还．

邓广铭

1982.2.21.

文史知识编辑同志：

　　来信和转寄的沈敬之同志信，均已拜读。沈信所指出的，我在文章中说岳飞"喜欢卖弄一下自己的文才，写写题记"，使他不能无憾。我觉得他的这个意见很好。我那句话，确实有些措词不当。在文章刊出后，我看到这一句时，当时即发生了这样的感觉，但已无法改正了，所以，后来在写《再论岳飞的〈满江红〉词不是伪作》一文时，就不再这样说了。

　　对于岳飞幼少年期内文化水平的估计，沈信根据《宋史·岳飞传》提出不同意见，对此，我却依然不改变我的意见。因为，《宋史·岳飞传》是从岳珂的《鄂王行实编年》脱胎来的，而岳珂对岳飞幼少年期内的生活情况所知甚少，对于他曾作"庄客"（即佃户）等事则讳莫如深，却又虚构了许多溢美之辞，如"家贫力学，尤好《左氏春秋》、《孙吴兵法》"等话语即是。这些溢美之辞，我认为是不能置信的。我写的那篇《再论》，已在山东大学的《文史哲》今年第一期上刊出。沈同志如能看到，也许对他的这一看法有所改变。此复，顺致

敬礼！

　　沈文遵嘱寄还。

邓广铭

1982.2.21

作者注：

著名历史学家、北京大学教授邓广铭先生应《文史知识》编辑部之约写了《岳飞的〈满江红〉不是伪作》。这是一篇十分重要的文章。他不同意余嘉锡、夏承焘先生认为《满江红》不是岳飞所作的意见，侃侃而谈，自圆其说。

文章发表以后，读者沈敬之来信，指出邓先生文章中的一句话不妥，使他不能无憾。

邓先生读信之后，虚怀若谷，一方面诚恳接受沈的意见，认为"意见很好"，"确实有些措词不当"，另方面仍然坚持自己的学术观点，并请沈先生看看他发表在《文史哲》上的《再论》。

今天我们再读邓先生写于20多年前的信，先生的音容笑貌宛在面前，先生谦虚谨慎、深入钻研的态度令人敬佩。

也比较高。他们主要组织北京的研究机构、高等院校和有关单位的专门家、学者撰文，也利用他们的影响，组织全国各地有学术水平的知名人物的稿件。特约通讯员分布在各地高校和研究单位，他们最了解当地的研究、写作情况，最了解当地读者对刊物的意见和反映，又因为他们就在当地，组了稿，可以代表编辑部随时催稿。而且，谁的文章在北京的刊物上发表了，在当地就会产生影响。如果这个作者再购买十本八本送给朋友，就等于给刊物做了广告。实践证明，特约通讯员网是行之有效的。我们在甘肃兰州大学聘请了一位特约通讯员，不到两年，西北几省研究文史的副教授以上的同志他差不多都组写了稿子。如果各地的特约通讯员都能这样做，全国各地的好稿子岂不"尽入我彀中"？

为"我"服务

我们这样做是不是专家路线？我认为不是。我们这是为"我"所用，也就是为刊物所用。我们是组织作者，组织专门家，围绕着我们刊物的选题计划写文章，而不是让作者，即便是专门家，牵着鼻子走。从以下三点可以看出我们所言非虚：

1. 每编一期，我们早早就计划好这一期的中心，设计重点文章的题目，然后按我们的计划去组稿，希望作者写什么，怎样写。

2. 有许多时候，作者寄给我们一篇稿子，题目好，写得也好，但我们并不是拿来就上，而是要看看这一期的整体布

廖沫沙在《文史知识》座谈会上发言。
中为臧克家，左一为邓广铭。

局、中心是什么，如果不符合这一期的整体布局，不论是谁写的，是什么样的名家，也要放一放，等着符合一期的中心再发。

3. 编辑在组稿的时候，一定记住让作者充分明了如下几点：刊物的宗旨与读者对象；文章内容要能唤起读者的需要感，最好是那些大家都知道一些、但又说不清楚的问题；引用的材料要准确、翔实；题目要拟好，吸引读者；字数要适当，尽量写得短些。

不断讲的目的就是让作者按我们刊物的需要写稿，而不是迁就作者。一个好的编辑，是应该有这种以"我"为中心的思想的。事事迁就，削足适履，刊物的风格、特色就没有了，最后不但得不到作者的欢迎，反倒要被作者"抛弃"。

实践使我们认识到这样一个道理，"无名作者"不一定不是专门家。"专门家"要靠编辑自己去发现、去鉴定。弄明白谁是专门家，再去组稿，才能组到高质量的稿子。普通的编辑，多停留在找稿阶段，只求把栏目、版面填满就完事；勤快点的编辑，会设法去拉稿子，以丰富内容；只有那些真正负责、有事业心而又有丰富的想象力和创造力的编辑，才能按照自己的计划去组稿。一个编辑能否成功，很大程度上决定于他是否能发现专门家，并尽力组织专门家为"我"服务。《文史知识》编辑部的同志就是尽力朝着这个目标努力的。

中华书局总经理王春出
席《文史知识》座谈会

左为中华书局总编辑李侃，右
为中宣部出版局局长许力以

《文史知识》编辑部在文化部
青年优秀成果展览上受到表彰

1985 年,《文史知识》编辑部组织
"八十年代我们怎样治学" 讨论会

四　系统与零散

刊物主编安排一期内容，何主何从，如何搭配，是要费些脑筋的。还是以《文史知识》为例。

有的同志说：既然叫《文史知识》，就要系统介绍中华民族的文学历史知识，不能零散。有的同志说：杂志、杂志，自然要丰富多彩、朱紫杂陈。一本刊物，怎样算有系统？什么样子叫零散？怎样把系统与零散这对矛盾处理好？这是主编不能不经常思考的问题。

均 衡 搭 配

"杂志"这个词来自阿拉伯文 Makhazin，原意是指"仓库"、"军用品供应库"。1731 年，英国人爱德华·卡伏出版了一种期刊，名字叫《绅士知识供应库》。可见，"杂志"诞生之初就是与"仓库"之意联系在一起的，是以知识的仓库名义出现的。既然如此，杂志就要像"仓库"那样丰富多彩、琳琅满目，满足各种人的需要。

《文史知识》共辟二十多个栏目，这些栏目可以分成三个档次：第一档有"治学之道"、"文学史百题"、"历史百题"、"怎样读"、"文史研究动态"等，这些栏目多为大块文章，每篇可以有五六千字，特殊情况可以再多一点，甚至可以分上下篇，两期刊完。这是给那些水平较高、努力自学的读者预备的。第二档是"诗文欣赏"、"书画欣赏"、"文史工具书介绍"、"文史书目答问"、"文体史话"、"文学人物画廊"、"古代科技漫话"等，这些栏目中的文章内容具体、实在，没有虚浮的东西，是给那些想要增长文史知识的一般读者预备的（当然也包括第一档次里的读者）。这些同志虽然不一定系统自修，但他们阅读杂志，目的是随时吸取知识。第三档是"文化史知识"、"文史古迹"、"成语典故"、"文史信息"、"补白"、"语言知识"等，这个档次的文章生动有趣，短小精悍，长的两三千字，短的千把字、几百字，三五分钟便可以读完，适于各类读者阅读。

三个档次分开来各有读者对象，合起来又是一个整体——文史知识。三个档次，各有作用，第一档的文章写得要有分量，有最新学术水平，代表了刊物这一期的学术价值和学术地位；第二档是刊物的主体，刊物靠这些栏目介绍大量的文史知识；第三档是趣味性之所在，它是要增加刊物活泼、轻松气氛的，靠这些文章吸引读者去阅读。三个档次虽有侧重，有"分工"，但都要求写得准确、生动、有用。毫无疑问，不同体裁的文章，效果毕竟不同，所以，又要求它们写出各自的特点。

所谓三个档次问题，实际上是解决各种层次的文章如何搭配的问题。在处理三个档次的文章搭配时，杂志的编者首要的问题是要注意文章搭配均衡。杂志是一个"仓库"，各种各样的人来"仓库"取东西，"仓库管理人"就要把各种东西备齐，保证人们的需要。五彩缤纷的内容便通过"均衡"这个原则得到保证。

中心・重点・系统

注意了不同层次读者的需要，注意了搭配的均衡，这还只是第一步，而且是比较容易做到的一步。作为一期刊物，不能有啥上啥，它还必须有一个中心，有一个重点，围绕这个中心、这个重点，要有一个系统。这一步比均衡搭配要难得多。

一期刊物的中心是由编辑会议确定的。确定中心时考虑到时代感，考虑到读者对象，这些问题在这本书的前两个题目中已经具体谈过了。那么，这个中心是怎样体现出来的呢？这个中心要通过重点文章，以及与之有关的搭配文章体现出来。也就是以这一组文章为中心，形成这一期的系统。

以1982年第8期《文史知识》为例。这一期领头的文章是戴逸同志的《继承和发扬爱国主义传统》一文，这就是本期的中心。围绕这个中心，在"文学史百题"栏中安排了《马革裹尸当自誓，男儿到死心如铁——略论辛弃疾词的爱国主义精神》一文；"历史百题"栏中安排了《甲午风云与中国的觉醒》一文；"文史书目答问"栏介绍了与万里长城、大运河并列为中国三大工程的清修《四库全书》，以及收有"人生自古谁无死，留取丹心照汗青"诗句的文天祥的《指南录》和《指南后录》二书；"文化史知识"栏中介绍了《"节"是什么》，并讲了为什么苏武只身来到北海，给养断绝，靠挖野鼠洞中的草籽充饥，但他仍"杖汉节牧羊，卧起操持"不离左右；"中国名著在国外"栏安排了《〈赵氏孤儿〉与18世纪欧洲的戏剧文学》（不少刊物习惯于介绍莎士比亚、巴尔扎克等外国大文豪在中国的巨大影响，此栏却着重介绍中国名著在国外的巨大影响）；"文史古迹"栏发表了《黄帝·黄陵·毛泽东朱德同志祭黄帝文》，表示黄帝子孙一定要继承发扬宝贵的民族精神，为实现四化努力奋斗的决心；甚至连小栏目"成语典故"也配上了"数典忘祖"这一成语的解释。从上面的例子我们可以看出，文章题目虽然不同，角度各异，但却从不同的侧面指向一个中心。这种呼应或明或暗，但仔细观察便会发现，由于这些栏目的交互配合，刊物内容给人以立体感。

其次，从栏目方面说，一个栏目又自成系统，时间长了，文章积累多了，也成为某一方面的系统知识。如"文学史百题"栏，若将几年来"文学史百题"栏发表的文章集中起来，就是一本系统而详尽的有关文学史的书籍。

现在，《文史知识》编辑部已将许多栏目中的文章汇编成书，受到读者欢迎。如《与青年朋友谈治学》，由"治学之道"栏汇编而成；《古代礼制风俗漫谈》，由"文化史知识"栏汇编而成；《经书浅谈》，由"经书浅谈"栏汇编而成；《古文字学初阶》，由"古文字学十二讲"栏汇编而成；《诗文鉴赏方法二十讲》，由"诗文欣赏"栏中怎样欣赏部分汇编而成。《文史知识》编辑部计划在三年内出版40种汇编的书，形成"文史知识文库"，让某一专题的知识更为完整、集中，让读者使用起来更方便。如果事先没有一个长远打算，没有系统安

中华书局编审、中国
古典文学专家周振甫
为《文史知识》题辞

文林童话花争放史乘新谈
果满枝知尔辛勤方五载识
荆已得众人支
敬祝
文史知识创刊五周年
周振甫

排，这些书是没法顺利编出来的。

第三个办法就是编辑“专号”。为了使知识更加集中和系统，《文史知识》从 1982 年开始，就有计划地编辑专号，每年两期。所谓专号，不仅仅是文章质量更高，作者队伍更强大，还主要表现为选题更为系统，内容更为集中，文章与文章之间更注意内在的配合与联系，使人一卷在手，即可大致了解该专题研究的基本面貌。

最初，《文史知识》以“朝代专号”打出了“专号”的招牌。“朝代专号”是以每一个相对独立的历史时期为单位，将该时期的政治、经济、文化等各个方面，尽可能地作全面介绍，使读者对古代文化有一种立体感。

我们已经办了"先秦专号"、"魏晋南北朝专号"、"唐代专号"、"宋代专号"、"元代专号"、"明代专号"、"清代专号"、"近代专号"。

当朝代专号初具规模之后,《文史知识》又开始编辑"专题专号"。这种专号就是以某一专题为内容,对该专题的历史和具体内容进行全面的介绍,以便读者对中国历史文化既有纵向的了解,又有横向的了解,从而体现历史文化的悠久性、多样性。如 1986 年办了"佛教与中国文化专号",1987 年办了"传统文化讨论专号",根据广大读者的强烈要求,在编发"佛教与中国文化专号"之后,又编发了"道教与传统文化专号"。在这之后,《文史知识》又开办了第三个系列,即"地方专号"系列。"地方专号"以地域为中心,系统介绍一地域的政治、经济、文化,历史传承与沿革,很受地方欢迎。

专号是《文史知识》的一大特点,要说的话很多,我将在"办'专号'的价值"一题中集中介绍,此处不再多说。

变

注意了"均衡搭配",做到了中心突出,任务并没有完成,更重要的还在后面,这就是要不断考虑怎样"变"。说得理论化一点,变就是不断改革,不断创新。

道理很简单,冬笋鸡丝好吃,但顿顿是冬笋鸡丝,我们也不爱吃了。再说,一件新鲜的款式一经推出,很快就会惹人注意,就会有人效仿,这时,新鲜的东西就变成了大路货,渐渐地不再新鲜了。而要保持个性,保持独自的风格,就必须不断变化，不断创新。

创新谈何容易，开始不要期望太高。希望一下子拿出一个全面革新的方案，是很难做到的。而且一个方案十分完美了，又会形成定式，束缚改革。但是，一个好的编辑，对自己必须有一个要求，那就是每一期都要有一点新花样，有一点改革。花样小，没关系，改革小，没关系。点点滴滴改革，就会由量的积累演变为质的飞跃。

《文史知识》正是这样走过来的。《文史知识》出版一两年后，我们就发现一些"独家经营"的栏目成了大路货。有的刊物甚至完全照搬过去。

一方面，我们感到十分荣幸；另一方面，这又逼着我们不得不另想"高招"。

经过反复推敲和不断酝酿，我们在原有基础上，又开设了许多新栏目，如"中国古代官制讲座"、"科举史话"、"金石丛话"、"古代科举漫话"、"文学人物画廊"、"文学流派"、"文史信息"、"怎样学习古文"等。"治学之道"成了大路货，我们就在原来的基础上组织了"历史学家怎样研究历史"专栏，要求为此栏撰文的历史学家重点介绍某段历史、某个学科或某一问题研究的现状，争论的焦点，以及今后研究的重点，将一般性的治学经验之谈化为具体的传心传法。"诗文欣赏"成了热门，我们就又设置了"怎样欣赏古典诗词"一栏，比如什么叫"清空"，什么叫"意境"，什么叫"雄奇"等，将如何欣赏的理论、方法介绍给大家，进一步提高读者的鉴赏能力。"青年园地"多家开设，我们就一个学校一个学校组织专题讨论，每次请一个学校笔谈一个专题，很受学校和学生的欢迎，这样做的结果，把知识的视野向深度和广度不断地开拓了。

经过几年的实践，读者来信称《文史知识》是带有"文史知识辞典性质"的刊物，长期订阅等于得到一部"文史知识辞典"；又说《文史知识》反映了最新研究成果，值得信赖。应该说，这是对处理"系统与零散"这一对矛盾所做的努力的肯定与赞成。

五　标题·目录·要目

标题——"一见钟情"与"表里如一"

在我们刊物上所有"零件"（如标题、正文、插图等）之中出现次数最多的是标题。正文前面一次，目录上一次，有的在要目上又出现一次，总共有三次。此外，我们还要在报纸上做广告，这就出现四次了。

标题好比招牌，文章里讲的是什么，先在标题上交代出来，读者看了标题，决定看不看这篇文章。可见标题多么重要。也许有人会说，文章在那里摆着，标题要反映文章，对此题感兴趣的人自然会看，不感兴趣的人自然不看，有什么话好说呢？

事实远非如此。举个例子来说。我们上街买东西，常常并不是直奔目标，女同志尤其如此。我们在商店除去注意要买的东西的橱窗，还注意其他的橱窗，东瞧瞧，西看看，常常买到许多当初并没有计划要买的东西。还有一些人，是"逛"商店，并没有一定的目标，逛逛、玩玩、看看，什么东西中意，随时可买。这些现象说明，人的注意力是可以争取的。

如果说目录好比橱窗，标题就好比陈列在橱窗里供人挑选的商品。陈列得当，展品精美，常常会引起那些本来并不想购买此物的顾客的兴趣。这样看来，对于一个办刊物的人，如何拟好标题，的确是不可等闲视之的问题。

对于标题，我们的前人就十分重视。清代大艺术家郑板桥曾专门论过标题的重要。他说："作诗非难，命题为难。题高则诗高，题矮则诗矮，不可不慎也。少陵诗高绝千古，自不必言，即其命题，已早据百尺楼上矣。通体不能悉举，且就一二言之：《哀江头》、《哀王孙》，伤亡国也；《新婚别》、《无家别》、《垂老别》、前后《出塞》诸篇，悲戍役也；《兵车行》、《丽人行》，乱之始也；《达行在所》三首，庆中兴也；《北征》、《洗兵马》，喜复国望太平也。只一开卷，阅其题次，一种忧国忧民忽悲忽喜之情，以及宗庙丘墟、关山劳戍之苦，宛然在目。其题如此，其诗有不痛心入骨者乎！"当然，郑板桥此论所言"题目"，主要是指题旨即主题，但他所云"只一开卷，阅其题次，一种忧国忧民忽悲忽喜之情，以及宗庙丘墟、关山劳戍之苦，宛然在目"，讲出了标题的重要。郑板桥还说："近世诗家题目，非赏花即宴集，非喜晤即赠行，满纸人名，某轩某园，某亭某斋，某楼某岩，某村某墅……其题如此，其诗可知；其诗如此，其人品又可知。"（以上郑板桥语据《郑板桥集》）这里谈的就更深入一层了，标题如何，不仅关系到诗的内容，而且关系到一个人的人品了。那时，还没有人办杂志，写文章也不是为了登在杂志上，所以他们还不必考虑读者订阅的事情，但今天则不同了。对于作者，他要考虑的是题目怎样拟得准确、鲜明、简洁；

著名画家、书法家范曾为《文史知识》题写的刊名

对于刊物的编辑，还要考虑读者的心理，读者的反应。

有关标题的逸事是很多的。

30 年代有篇轰动一时的通讯报道《中国的西北角》。一看题目就吸引了很多读者。抗日战争初期，蒋介石跑到峨眉山，躲了起来，而在中国的西北角，在延安，宝塔山的灯光给中国人民带来了希望。所以，《中国的西北角》让人们想到战斗在中国大西北的共产党人，那些中国的脊梁。60 年代，《红岩》问世了。它教育、感动了千百万中国青年。此书的原名《禁锢的世界》虽然也扣题，"禁锢的世界"就是监狱，但"红岩"则更有号召力。红岩村是中共代表驻地，狱中党员的心向着红岩村。红岩，表达一个革命者的情操和意志，象征着希望和胜利。《红岩》这一书名色彩鲜明，很富感染力。

还有一个例子。中华书局曾经发了一部书稿，名叫《张集馨日记》，征订数甚少，不能开印。后来，责任编辑改了一下书名，叫《道咸宦海见闻录》，重新征订。书还是那一本，订数居然达到几万，不久又得以重印。

　　那么，什么样的标题好呢？

　　我们先分析一下读者的心理。一般的读者每天很忙，他们能挤出时间来读杂志，已属不易。他们在读杂志时心理状态是什么样子呢？我看最主要的无外两类，一是求知，二是好奇。求知，从标题上发现他感兴趣或者十分需要的知识，要看；好奇，一切最新的、最怪的、最神秘的、最难解的事，他都想知道。我们针对读者这样一种心理状态去拟标题，常常

著名书法家刘炳森为
《文史知识》题写的刊名

赵朴初先生为《文史知识》专栏的题签

理工科学生要读一点古代文史

苏步青

著名数学家苏步青为《文史知识》题辞

会收到意想不到的效果。

有人说好标题要让读者"一见钟情"，这是很有道理的。《文史知识》曾刊登过一篇写武则天的文章，这篇文章写得好，倒不是它有什么特殊的见解和精辟的言论，主要是它选取的角度好，写法又生动有文采，吸引人，而最诱人的还是它的标题——每段的标题和总的标题。我们看看它的段落标题：①武媚娘——从才人到皇后；②"瓜熟子离离"——从皇后到皇帝；③"请君入瓮"——武则天政略之一；④"宰相之错"——武则天政略之二；⑤女皇的困境——从皇帝再到皇后；⑥褒贬的准绳——武则天的千秋功罪。文章的总标题是《从武媚娘到圣神皇帝》。有关武则天的文章太多了，尤其是江青别有用心地大捧武则天，读者对谈论武则天的文章已到了讨厌的地步。但读者爱读这篇文章，国内居然有两本杂志全文转载了这篇文章，文章的标题好恐怕是重要的原因。其实也没有什么高深的道理，只是这篇文章的段落标题和总标题适应了读者求知和好奇的心理。

还有一例，是《辞源》（修订本）主编之一刘叶秋先生告诉我的。他应约写了一篇题目为《怎样查找诗词名句》的文

著名社会学家费孝通为《文史知识》题辞

章。题目平稳，并无毛病，但编辑刊出时将原题改成《名句如海，源头何在》，刘先生看后赞叹道："仍用八字，但活跃而有文采，真如点石成金！"

好的标题不仅仅要让读者"一见钟情"，还需要"表里如一"。中国古代有一位名家学派的代表人物公孙龙，他说过一句有名的话："夫名，实谓也。"意思是说，所谓名，即名词、概念，是对实，即客观事物的真实性和本质的反映。他又说："古之明王，审其名实，慎其所谓。"就是说，古代的圣君明王，总是先考察事物的名实关系，然后慎重地给以恰当的称谓。可见古代的圣君明王也是把"实"看做是根本的。这又让我们想起一些商品广告。这些广告，言过其实，夸夸其谈，但商家亦请记住，顾客上一次当，下次再也不会受骗了。所以，好的标题一定要"表里如一"，绝不能靠一个花哨标题掩盖贫乏的内容。正如一个人，收拾得衣冠楚楚，西装革履，颇为中看，但一张口粗话连篇，不堪入耳，只能增人讥笑。名实相符，最为上乘，如两相比较，实是根本，当无疑义。中国古诗中经常塑造这样的形象："缟衣綦巾，聊乐我员。""静女其姝，俟我于城隅。"都是因为女孩子的美好心灵，惹得小伙子日夜思念。我们拟标题时，千万牢记这条原则。

目录——"应接不暇"与"自相映发"

标题是根本，目录就是把许多标题编在一起。但是否有了好的标题，目录就一定能编得好呢？不一定。这其间自有奥妙。

我常想，我们编刊物的，好比是在那里建造公园。为了游人，我们要把天下美景集于一园。而目录，就好比一份导游图。这份导游图，要把我们苦心孤诣设计出来的"园中美景"介绍给"游人"。

怎样设计目录呢？有许多人认为编目录是一般编辑的事，有的人甚至认为编目录可以由搞版式设计的同志去做。这些想法都是不妥当的，说明刊物主编对目录重视不够。我在编辑工作中体会到，设计目录应该由主编亲自来做。一大批经过编辑加工好的文稿摆在主编面前，什么文章该上，什么文章暂时不上，在一定程度上也是由目录的需要决定的。

每当编写目录时，我都会想到《世说新语》中记载的王献之的那段话。他说："从山阴道上行，山川自相映发，使人应接不暇。"这其中有两点值得注意，一是"使人应接不暇"，一是"山川自相映发"。

读者拿起一期刊物，翻到目录，一定要让他感到好文章比比皆是，真是应接不暇。然后，当他细细琢磨的时候，又要感到每组文章之间有紧密的内在联系，文章与文章之间是"相映发"的。

启导后学不遗馀力
选材设题尤具匠心
庆祝文史知识创刊五周年
一九八五年十月 周祖谟

北京大学教授、著名语言学家
周祖谟为《文史知识》题辞

　　为了说明问题，我把《文史知识》1986 年第 10 期"佛教与中国文化专号"的目录摘录于下：

　　　　专文：佛教与中国文化的关系
　　　　　　　佛教与儒教
　　　　治学之道：我和佛教研究
　　　　文学史百题：诗与禅
　　　　历史百题：佛教在中国的流传和发展
　　　　　　　略论中国佛教的特质
　　　　佛教知识：何谓"四大皆空"

佛与佛教徒

中国僧侣与劳动生产

盂兰盆会是怎么回事

佛教节日知多少

神圣的花木（佛教花木漫谈）

佛教艺术：中国古代佛教寺院的音乐活动

漫谈塔的来源及演变

佛教源流：佛教在印度的产生及其基本特点

中国佛教的宗派

藏传佛教密宗

日本佛教略述

人物春秋：三次舍身寺院的梁武帝

慧远及其因果报应说

六祖慧能与禅宗

文史信箱：怎样认识佛教徒的人生观和道德观

　　读者看了这份目录，一致认为几乎每篇都是可读的文章、有用的文章。很快，存书全部售完，连《文史知识》只有两个订户的西藏也来函购 70 本。说来话长，这二十几篇文章，我们是经过仔细设计安排的。第一组即前三篇，讲佛教对中国文化的巨大影响，正因为如此，我们才要研究它。读者会问怎样研究好呢？我们请季羡林先生现身说法，回答了这个问题。这组文章实际上是讲研究佛教的意义，也就是办"佛教专号"的意义。既然办这样一个专号有意义，那么佛教基本情况怎样呢？第二组文章（第 4、5、6 篇）我们就是回答这个问题的。读到这里，读者肯定会有一些具体的问题需要解答，我们安排了第三组"佛教知识"六篇文章。第四组回过头来讲"佛教的源流"。"源"在印度，讲佛教怎样在印度产生的；"流"，讲佛教怎样传到中国、日本、东南亚。第五组介绍"佛教人物"。这一切介绍完后，读者必然会提出，佛教徒要"出家"，讲究"持戒"、"苦行"，是什么原因？他们主张做"善事"，如植树、修桥、布施，应该怎样评价？我们安排了《怎样认识佛教徒的人生观和道德观》一文。到此，作为一个整体，佛教的基本东西（当然只是几个点），可以说全作了介绍。

经过这样一番设计、施工，"应接不暇"和"自相映发"是否可以说基本做到了呢？

要目——"红的樱桃"、"绿的梅子"

有的刊物没有要目，这自有它的道理。可能封面是一个很好的美术画面，不舍得再加上其他的东西；可能在一期二三十篇文章中很难选出五六篇来，弄不好怕顾此失彼。但是，我在编辑工作中体会到要目是重要的。打个比方，目录好比一个拼盘，而要目好比点缀在拼盘上面的红的樱桃、绿的梅子。光是一盘肉，实惠倒实惠，但缺少诱人的魅力，红红绿绿，一加点缀，给人的观感便大不一样了。

要目能起什么作用呢？或者说，我们要让要目起什么作用呢？

第一，要告诉读者哪篇文章有价值。这个"价值"有两点含义：一点是学术上确有新见，也就是具备探索性；一点是此文写得好，虽然不见得有多少创见，但角度好，写得有才气。

第二，文章有吸引力，知识性、趣味性兼备，读者一看便想读。

第三，显示本期的重点，让读者看清本期是以什么问题为中心编辑的。

这里我们举《文史知识》1987年"山东专号"的要目为例：

祝"山东专号"成功（谷牧）

泰山崇拜与封禅大典

源远流长的蓬莱仙话

孔子的阳刚之美

灿烂的齐鲁饮食文化

文学作品里的山东好汉

见到这样几个题目，谁不想看看这些文章究竟谈的是什么呢？千万要记住，要目是放在杂志的封面那十分重要的位置上的。好的要目，只要有一个题目吸引人，就可能诱使读者翻开杂志看看内文。这也就是"红的樱桃"、"绿的梅子"的作用。

谈到这里，我们可以总结一下了。标题、目录、要目，三者各有各的用处，但三者又以各自的特点为塑造刊物的整体形象而卖力。"要目"像是乡野大路旁酒店的酒幌，招引过往的客人；"目录"是导游图，又像百宝图，室中珍宝竞相展示，供人挑选；"标题"是目录、要目的根本，一定要做得吸引人，能抓住读者那稍纵即逝的目光。

在《文史知识》座谈会上的（左起）
李侃、钟敬文、许力以、刘杲

《文史知识》的作者（左起）金克木、牟小东

国务院古籍整理出版规划小组组长李一氓参加《文史知识》座谈会。后为王春。

著名文史专家在《文史知识》座谈会上。左起：黎澍、宋振庭、白寿彝、王力、陈翰笙、陈翰伯。

《文史知识》编辑部的同志们

六　稿件的整理（上）

原来的计划并没有想写这个题目，因为这个问题属于编辑的基本功，而我这一组文章所谈的内容，是在解决了基本功之后如何再提高一步。但近年来改变"工种"，做出版管理工作，我了解了一些过去局限在一个出版社无法了解的情况，很多书刊的编辑"堂"尚未升，谈何入"室"？所以还是得谈一谈稿件的整理。

四 类 作 者

一般来说，加工整理稿件，分成两个阶段。第一阶段是审核来稿，第二阶段才是加工整理。道理很简单，只有在确定来稿可用的前提下，我们才能进行加工和整理，否则做了仔细加工之后，却发现稿子不能用，岂不徒劳无功吗？

来稿有四种形式，一是自由来稿。这一类的稿件收到的最多。我在办《文史知识》的时候，好的时候，编辑部一天能收到十多件，按这个数字计算，一个月就是几百件，但这种稿子来的多，退的也多，投寄这类稿件的作者常慨叹："不认识人哪！"其实并非如此。这种自由来稿对刊物的风格、要求，了解不够，对刊物的出版计划、选题安排一无所知，所以一次投稿，很难适合编辑的口味，遭到退稿也是常理之中的事。但这类来稿并非完全没有合格的，细心的编辑披沙拣金，有时也能发现闪光的珠贝。

第二类属于约稿，甚或求来的稿。我们办刊物的人常说要有一支强大的作者队伍，否则就不是"人办刊物"，而是"刊物办人"了。天下有一大批能人，有的懂天文地理，有的懂文史哲经，有的懂数学生物，有的懂军事宇航，这些人中间有很多人擅长文字，观点独特，常能写出漂亮的文章来。但天下又有一大批期刊杂志，就拿我们国家来说，截止1988年，有杂志6000多种，这一大批能人选择的余地很大。常听到一些编辑讲，我用他的稿子就算看得起他，他还有什么好挑拣的？事实并不是这样。有真知灼见的文章还怕没有人用吗？而且，刊物有一支强大的作者队伍，它的真正意义还远不是随时可以找得到会写文章的人的问题。我编了七八年刊物，结交了许多作者朋友，我可以这样说，我请他们写文章，他们没有不帮忙的；而且，我还可以这样说，随时需要什么样的文章，哪怕只剩下三五天就要发稿，我只要给他们打个电话，这些朋友准会帮助我们夜以继日地赶写出来。要做到这一点并非易事。冰冻三尺，非一日之寒。我尊重他们，他们也尊重我。我帮助他们，他们也帮助我。我们编辑部有份作者卡片，上面写明该作者的基本情况：年龄、住地、电话、擅长的专业、发表过的论著。我自己也有一个作者通讯录，这个通讯录不断扩大。

编辑部有什么活动，我就请他们来参加，出版社有什么内部资料、宣传品，我就给他们寄去。不知不觉，我们成了朋友。有这么些作者朋友为我们"保驾"，我们的刊物不愁没有有分量的文章。

第三类是征稿。有的时候，某一类、某一专栏的稿件太少，编辑没有挑选的余地，便可以采用公开征集的方法。征稿可以写出具体的题目，也可以写出要求某一类的文章。征稿的好处是，编辑部把所需要的题目公开，可以扩大稿源，同

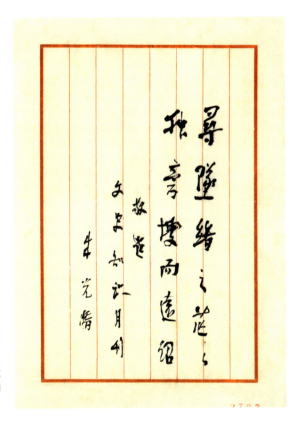

美学家、北京大学教授朱光潜为《文史知识》题辞

类稿件一下子寄来许多篇，编辑又可以有更多的挑选的机会，更容易保证刊物的质量；而且刊登征稿启事，本身也是对刊物的宣传，会收到意想不到的好处。

第四类是译稿。国外报刊常常有精彩而又适用于我们自己刊物的文章，选用这些文章，不仅省事，而且会给读者一个印象，让他感到你的刊物信息量大，覆盖面广，常可提高刊物的声誉。这中间最重要的是要注意时刻掌握第一手材料。现在有一个通病，国外一篇好文章，常常被各种刊物转载来转载去，而且，大文章化成小文章，小文章又缩编成"文摘"稿。这样一来，不但吸引不了读者，还让人感到东施效颦，惹人讨厌。此外，编辑还应该遵守著作权法的规定，注意保护知识产权。

编辑在物色译者的时候，一定要把握住两点：一是译者的外文水准。我们选择的译者，一定不能是那种捧着一本外文字典，字字查来、句句硬译、生拼乱凑、好歹成文的人，而是有扎实的中外文表达能力的翻译家；二是要有丰富、渊博的知识，至少对所译的内容有较全面、深入的了解。

一 个 原 则

上面我们介绍了四类作者、四类来稿，但有一个原则必须记住，即不论对哪类作者，哪类来稿，我们在审核稿件是否采用时，都要遵循一个原则，这个原则即是刊物的宗旨，刊物的方向。坚持刊物的宗旨和方向，就是对读者负责。

中国的史学家有很优良的传统，这就是忠于历史，坚持

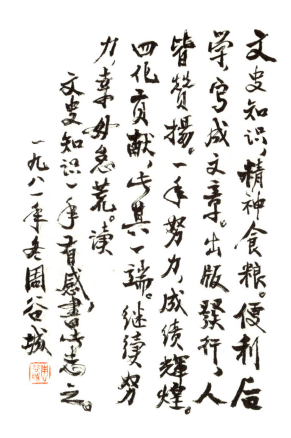

文史知识，精神食粮，便利后
学，写成文章，出版发行，人
皆赞扬。一手努力，成绩辉煌。
四化贡献，专其一端。继续努
力，事外急荒。读
文史知识，手有所感书以志之。
一九八一年春 周谷城

著名历史学家、复旦大学教授
周谷城为《文史知识》题辞

真理。春秋时，齐国太史不畏强暴，成为千古美谈。齐国大
臣崔杼杀害了国君，太史就在竹简上记下：崔杼弑其君。崔
杼大怒，将太史杀死。太史的一个弟弟拿起竹简，照样写下
崔杼弑其君，也被杀死。太史的第二个弟弟挺身而出，崔杼
又把他杀死。第三个弟弟毫不畏惧，捧着竹简，照样记下这
段历史，崔杼无可奈何，只好由他写去。孔子编《春秋》，被
史家传为美谈。当时读这部书的人会有"一字之褒，荣于华衮，
一字之贬，严于斧钺"的感觉，后世誉之曰：孔子编《春秋》，
天下乱臣贼子惧。其根本原因就是孔子做编辑工作"笔则笔，

削则削", 遵循一定的"贬损之义"。用今天的话来说, 也就是坚持原则, 遵循着一定的编辑方针。孔子置个人安危得失于不顾, 将权贵喜怒放在一边, 这就是敢于坚持原则。办刊物, 当编辑的人没有这样的原则性, 是办不好刊物的。

当然, 我们办一个普及性刊物, 一个知识性刊物, 甚或一个学术性刊物, 不是修史, 不是修党史、国史, 没有"一字之褒"、"一字之贬"那样严重的问题, 但审核来稿, 坚持办刊方针, 坚持办刊原则, 这却是一致的, 应该遵循的。作为一个编辑, 尤其是一位主编, 要不徇私、不徇情, 不能因为一篇私稿, 影响杂志的水平和风格。如果碍于情面, 把不够格的稿子塞进来, 或者为了报答某某, 随便编发一篇稿子, 都不是在干事业, 而是在谋私利。而且, 还有一个上行下效的问题。做主编的塞不够格的私稿, 做编辑的也如法炮制, 大家都这样搞, 一期杂志不用塞多了, 有个两三篇, 这一期的水平就会大打折扣。

好 文 章 的 标 准

一篇好的文章有什么标准呢? 我们在取舍一篇稿子时, 大概有这样几条原则:

(1) 选题。一篇文章的内容, 最好是读者知道一些, 但又说不清楚的东西。知道一些, 对内容不陌生; 说不清楚, 就诱使他看看别人是怎么说的。根据心理学家研究, 完全陌生的东西与知道一些又说不清楚的东西, 更吸引人的不是前者, 而是后者。知道一些, 又说不清楚, 这种选题对读者来

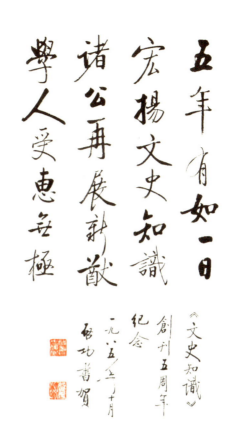

五年有如一日

宏扬文史知识

诸公再展新猷

学人受惠无极

《文史知识》

创刊五周年纪念

一九八五年十月

启功书贺

著名书法家、北京师范大学教
授启功为《文史知识》题辞

说是最佳选题，甚至比完全不知道的知识对他更有吸引力。如：《文史知识》上发表过的《赤壁之战中曹操究竟有多少兵马》、《徐福东渡的史实与传说》、《为什么说黄河流域是中华民族的摇篮》、《为什么说中国有五千年的文明史》、《怎样认识佛教徒的人生观和道德观》等，都是这一类选题。说不知道吧，他还知道一些；说知道吧，他还未必说得清楚。正因为如此，很多读者都欢迎这类选题。

（2）是否构成新闻。根据文章的内容、作者，或当时社会上读者注意的中心等情况，看看要用的稿子有没有构成新闻的可能。什么叫构成新闻呢？那就是此稿一出，或因为内容，或因为作者，读者议论纷纭，各报纷纷转载，如有这样的文章，一定要优先刊用。比如，电影《火烧圆明园》、《垂帘听政》上映不久，明清史专家朱家溍先生对我谈到，他对电影《火烧圆明园》中许多地方的处理有意见，认为不符合历史真实。我听后，立即请他写出来，交稿后立即发排。为什么？因为朱先生是电影《火烧圆明园》和《垂帘听政》的历史顾问，当时《火》片与《垂》片是社会议论中心之一，读者关心它，电影的顾问亲自撰文，除了他的学问家的身份，人家还会想："顾问"为什么在电影拍摄过程中不"顾问"，而要在电影放映之后再发议论、挑它的毛病呢？不但大陆报纸会转载，因为此片导演李翰祥是香港著名导演，香港报纸也会登的。此文刊出后，果然几报转载，给刊物带来很好的影响。

（3）一个选题，无论是大题目，还是小题目，都应该是严肃的问题，不是哗众取宠、卖弄渊博的东西。要时时想到我们的刊物是一个格调高尚的刊物，不能让读者笑话，不能失去身份。

（4）文字要深入浅出，不端架子，不故弄玄虚；要循循善诱，引人入胜。对于我们这样的普及性刊物，我最不喜欢的题目是：《论××××》、《×××论》。

（5）注意稿件的均衡搭配。除非专业性非常强的刊物，读者的相同性大于他们的不同性，否则，任何一个刊物在编辑一期文章时，都要注意照顾到不同的文化程度，不同的年龄，不同的职业，文章的内容、角度、层次，都要注意到均衡搭配，尽量照顾更多读者的阅读兴趣。看起来这个原则属于稿子定下来后搭配的问题，但选稿时就要注意缺什么稿子，怎样搭配组合好，然后决定弃取。所以，注意均衡搭配，既是搭配中的问题，又是编辑决定稿件弃取的问题。

（6）最后一点（但它的重要性并不是最后一项），那就是要认真审核文稿有没有违法违纪之处，不要不小心被人告上一状。如文稿是否符合党和国家的政策，有无色情、淫秽内容或成分，有无涉及他人名誉、恶意攻击他人的言语，有无抄袭之处，如果牵涉到边界，包括界河、界山，就更要小心。有关出版的法令、条例，有关著作权的规定，作为一个编辑都应该熟悉。好比一个司机，不懂交通规则，出门就有被吊销执照的危险。

七 稿件的整理(下)

不 用 的 稿 件 快 退

　　稿件经过审核，大致有三种结果：一是可用。稿件可用，可以进行下一道工序——编辑加工了。二是大体可用，需要作者再加修改。这类稿子大多有某一点或几点精彩之处，但作为整篇文章来说还不够，需送请作者再加构思，去掉水分，突出精华。这类要退作者修改的稿子，修改之后，也有两种结果，一是改后合用，一是改后仍然不合用，还是不得不作退稿处理。第三，审读后，质量不合格，无法采用，只好退稿。

　　对退稿工作我还要多说几句。对那些不用的稿件要注意尽量早点退回。尽早退稿，一是对作者的尊重，二是尽早退回使作者改作他用。近年来，由于邮资的上涨，很多编辑部付不起退稿邮费，纷纷发表"启事"，宣布不再退稿，如稿件寄出去三个月没有接到通知，请自行处理。编辑部倒是省了点钱，作者可惨了，要等上三个月方知分晓。不及时通知作者用还是不用，他的稿件还会带来其他问题。个别无行无品的作者，一稿数投，有时同一稿件会在两个刊物上先后刊出。你去信责问，他会说，你们很久不回音，我以为不用了。所以，即便是决定采用的稿件，也要尽快通知作者，不要等到刊出。

退稿的问题毕竟简单得多了，要着重谈的是稿件的加工。记得小说《钢铁是怎样炼成的》有这样一段故事：保尔想去报社工作，报社的主编让他写一篇短文，保尔写完后，主编说："显然你很有才气，但你不适合于做编辑。编辑是要给别人改文章的，你还不行。"这个故事说明了"写文章"的人与编辑文章的人，需要的基本功是不同的。写文章、写小说的人一定要有形象思维的能力，有巧妙的构思，生动的情节，能塑造出动人的形象，至于文章是否有错别字，语句是否通顺，相比较倒不是最主要的；而编辑，他的工作是检查别人文章的问题，修改好别人的文章，所以，他必须有很好的文字修养，扎实的基本功。

有人打过一个比方，他说，稿件的整理工作"好像主妇购物，到各商店把需用、合用的物品选购回来，堆在客厅里，她把包拆开，洗刷的洗刷，打蜡的打蜡，再把它们各依其类安排编配，来为她的家庭生活与家人服役。稿件的整理，做的正是洗刷与打蜡的工作，也就是去垢与润泽的工作，让文章在文字上做到干净，在结构层次上光泽夺目"。这个比喻是很生动的。那么，怎样加工稿件呢？

工欲善其事，必先利其器
——当编辑必备之工具书

编辑要博览群书，要天文地理、三教九流无所不知，但任何高明的编辑都不可能记住所有的知识，可是我们加工

与 读 者 谈 心

《文史知识》创刊五周年了，编辑部的全体同志向我们的读者问好。祝大家进步、快乐！这里，编辑部的全体同志与读者谈谈心里话：

办月刊在出版一行中恐怕是最苦的差事，但又是一个很快能得到"回报"的差事。一月一月，一年一年，几百篇、几千篇文章结成一条知识的长廊。在这条长廊里，无数的游人在其中徜徉，我们擦擦汗，又开始编下一期了。

杨牧之

人们常说，编辑工作纯粹是「为他人作嫁衣裳」，其实并不尽然。作者的稿件、读者的来信都曾给我以知识、启示和鼓舞，作者和读者就是我尊敬的老师。一支高水平的作者队伍和一大批热心的读者，正是我们《文史知识》越办越好的重要原因。

刘良富

一期期，一年年，杂志工作就是如此车轮般的周而复始，但它又如同车轮在一圈圈的向前走，《文史知识》就是这样慢慢地为我们展示了一个未曾经历的世界，它丰富了文化，丰富了读者，也丰富了我自己。

能够和读者一起渡过这五年，我感到幸运，是读者的真诚和热情使我更深的理解了这项工作的涵义。

华晓林

我的奉献是太怯生生的了，没法要求你记住，也许倒因此记住了。

——录泰戈尔语

胡友鸣

编辑工作是很紧张的，我们编辑部的人手既少，刊物的周期又短，需要干的事情很多。心里总有一种强烈的紧迫感。所以，我有时把办杂志比作搬运工人卸石灰。不过，办杂志也有欢乐。每当新的一期从印刷厂出来，送到读者手里的时候，看到我们的心血得到社会的承认，编辑工作的全部辛苦也就不算什么了。

陈仲奇

青草的奉献，便是为大地服务。期待大地接受它诚挚的奉献；感谢大地赋予它希望、信念与蓬勃生机……

马欣来

有人说编辑工作是为他人做嫁衣裳，我却十分倾心做一名这样的服装设计师。我多想用稚拙的笔，将激情与爱编织成一幅绚丽多彩的锦缎，去装扮我们的新嫁娘。然而，每每奉献的却是那样拙劣，那样令人遗憾。朋友，我们虽然素不相识，可你们时时都赋予我勇气和力量，从你们身上，我一次又一次的获取了灵感，激发了创作的欲望。衷心地感谢你们。

张荷

浅尝了编辑工作的苦辛，但并不以为是吞下了苦果。唯愿付出我的苦心，酿就滴滴苦蜜。

冯宝志

稿件时却会碰到各种各样的问题。这些问题怎样解决？文章中的知识包括语言文字是否准确，都需要我们核对、检查，为此，每个编辑案头都应有一批工具书，择其要者，开列如下：

《新华字典》。不要因为小学生也用，便不好意思用它。它收字讲究，约11100字左右，一般常用的汉字都有了。除掉专业性很强的文章（如古汉语），这本字典足够用了。而且它体积小，在杂乱无章的办公桌上占不了多大地方。

《现代汉语词典》。用它在于它对现代汉语词语的解释准确可信。它收词56000余条，包括字、词、词组、熟语、成语等。它从1958年开始编写，经过二十年，从送审稿本——试印本——试用本——修订本，不断修改，学术界对它的质量评价很高。

《辞源》（修订本）。它的最大特点是"结合书证，重在溯源"。所以，是解决阅读古籍时关于语词典故和有关古代文物典章制度等方面疑难问题的最好的一部工具书。

《辞海》（修订本）。收单字14872个，词目91706条，以字带词，兼有字典和百科性质的综合性辞书。它收词面很宽，学习工作中碰到的各种问题，一般都能找到简明的答案。

《中外历史年表》（翦伯赞主编）。文章中涉及的年代、大事最易出现差错，遇到年代一类的文字，不能过于相信自己的记忆，一般应找来年表核对一下。

中外人名大辞典。

中外地名大辞典。

《图书出版管理手册》（新闻出版署图书管理司编）。它包括三个内容：①出版工作（编、印、发）方面的法规条令；②全国各出版社的通讯地址、出版风格和代表作；③有关出版常识。

字体、字号、花边手册。

英汉字典。

有关专业的专科辞典。

地图册。

此外，还应备有中国通史、世界通史、中国大百科全书、英文百科全书等，碰到问题随时可以翻检，不必东找西找浪费时间。

编辑加工的主要内容

编辑加工要做些什么呢？我想主要有如下十个方面：

（1）核对时间、地点以及引用的资料、数字，特别要检核书中引文是否准确。

（2）检查有没有泄密之处。

（3）检查有没有违反法律、条令的文字。

（4）文章的主旨是否论述清楚，删去多余的话，补充说得不足的地方。

（5）改正错别字。

（6）改正用得不合适的标点符号。

（7）简化字、缩写、度量衡写法是否符合规定。

（8）图片、图表是否得当。

（9）分段是否合理，小标题的效果如何。

著名语言学家、北京大学教授王力为《文史知识》题辞

（10）润饰文字。

如果要列，可能还能写出一些，但这十项是比较重要的。这里我重点谈谈其中的三个问题：

文章的主旨是否论述清楚

编辑加工是审稿工作的继续，但它又不同于审稿工作，有的编辑理论家说："一部出版物，首先要求内容上有丰富的知识信息，比较高的质量，同时也要求它具有完美的形式。审稿阶段的工作，着重在解决前一个问题，编辑加工，则是为了着重解决后一个问题。"这话有道理。但是细想想，在实际的编辑工作中，两道工序常常很难区分。在本篇（上）中，我曾讲过，加工整理稿件，一般分成两个阶段。先审核，决定弃取；然后对录用的稿子仔细加工。这是就它实际的工作步骤而言，是把"动作"分解成为"慢镜头"，如果把这些步

骤连续起来，两个步骤是紧密相连的。所以，加工稿件，第一步是要看看文章的主旨是否表达清楚、完满了。作者在写作时兴之所至，挥洒自如，就像谈话一样，高兴处不免多说几句，有的地方又因为情绪所致，没有表达充分。这就要求编辑认真加工，谈多了的地方删减一些，没有谈足的地方补充一两句。一般来说，人们都这样认为，杂志上的文字，如有不妥当的地方，有不通顺，甚至错漏，责任不在撰稿人，而在编辑。所以修改、加工稿件，是编辑的权力，同时也是编辑的责任。但有一点必须强调，编辑加工稿件，必须尊重作者的著作权，编辑只能删繁就简，不经作者许可，不能改变作者的观点，不能改变作者的原意。这是一个原则。

改正错别字

最近读到一本书，错误之严重，可谓惊人，如果在"文化大革命"中，不能说一定被关起来，起码要被撤职。举例如下：

235 页　毛泽东　错成　毛择东

273 页　叶剑英　错成　虽剑英

688 页　毛泽东　错成　毛泽车

852 页　周恩来　错成　周因来

此外，把林彪错成"标彪"、"林虎"，把战役错成"战股"，把"政治局"错成"政当局"等等，一部书粗粗统计一下有六七百处错误。

一般人认为，写出那样了不起的作品的作家，怎么会写错别字呢？其实，这也毫不足怪，出现错别字，什么人都很难免，这就要求编辑细心改正，达到正确无误。

书刊出现错字，有各种原因。第一是作者笔误，原稿上就错了，但编辑加工稿件时没有发现，这类错误叫作内容上的错误。排字工人的责任只是照原稿排字，所以内容上的错误便照样出现在校样上。另一个原因是排字工人把原稿上的字误植、漏掉，校样出来时，错误也在其中，这类错误叫技术性错误。由于汉字太多，排字工作繁重艰难，这类错误也是很难避免的。内容上的错误有时是编辑造成的，编辑改正了不少作者的失误，但由于笔误，由于考虑不周，甚至由于过分自信，又出现了一些新错误。上述几种情况造成的错误，需要编辑、校对以及印刷厂排字工人密切配合，共同把关，消灭错误。其实，只要功夫深，错误完全可以消灭。据我所知，《毛泽东选集》1－4卷，前后校对十二次，由于编辑、校对的共同努力，至今没发现一个错字，这真是难能可贵。

今天，电脑技术的应用为编辑出版工作提供了极大的方便，我们要感谢王选先生。但电脑在每一次录入修改时都可能出现错误、出现乱码，这是要特别注意的。

核对（人名、地名、年代、引文）不可少

近年来，我们常常碰到这样一些作者，他的文章一字不能改；有的作者，编辑改了他文章几个字、几句话便要破口大骂，好像编辑什么也不懂，只有他是百分之百的学问家。其实，大学问家照样也有疏忽失误之时，而真正的学问家总是闻过则喜的。试举一例：

宋有洪迈《万首唐人绝句》、清有王士禛《万首唐人绝句选》等（见中华书局《唐人绝句选》前言）。

宋代洪迈编《唐人万首绝句》，清代王士禛则为《唐人万首绝句选》(见陕西人民出版社《唐代文学研究年鉴》)。

中华书局是海内外知名的出版社，是专门出版古籍的出版社，《唐代文学研究年鉴》的主编是中国当代著名的唐代文学研究专家，可是他们引用的两个书名，各不相同，不管谁是谁非，正确的总是只能有一个。

这说明什么？说明文稿中的错误是难以避免的，说明编辑加工时核对资料是多么重要。

再举一例，是文物出版社老编辑家姚涌彬先生告诉我的。他说有一本研究中国古代报纸源流的专著，有不少令人惊讶的错误。我找来一看，果然如此。该书某页，讲到一段西汉故事，说是引用了"古籍中有关燕王旦为了谋反而策划铲除景帝的亲信大臣霍光的记载"。略通中国历史的人都会知道，霍光是昭帝时候的大臣，把他安到景帝名下，是向上推移了两代。书中还郑重交代："景帝是继武帝而即位的。"更是大错特错。西汉初年，世系是文、景、武、昭、宣，景帝继承武帝岂不成了"子死父继"？

作者错误在先，编辑失察于后，让人笑话事小，谬种流传误人子弟事大，这又说明了编辑加工的重要。

好多作者凭记忆写文章，人名、地名、书名、引文、数字、年代信笔写来，记错之处便不可避免，编辑有责任加以核对。核对是编辑加工中十分重要的一环。

文史知识

我欢呼《文史知识》创刊（代发刊词）
学好语文，学好历史
我的学词经历
诗歌史上的双子星座——李白与杜甫
谈谈《唐诗三百首》
历史上的岳飞和小说中的岳飞
叶圣陶先生对《青铜器浅谈》一文的修改意见

宋振庭
董纯才
夏承焘
罗宗强
振甫
王瑞来

1
1981
WEN SHI
ZHI SHI

左图为《文史知识》创刊
号的封面。其他六幅为历
年的封面。

文史知识

学习宋代文学
怎样研究宋史
宋词中的《家旅源》与《旅约源》
北宋时期的贩盐和故事
交朴溢及其他
应读如何替诗《的那葩母

9
1983
WENSHI ZHISHI

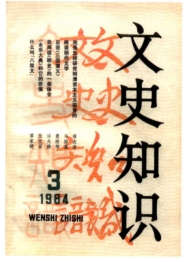

文史知识

我是怎样研究明清资本主义萌芽的
略谈明代文学
且说《三国演义》
我阅读众明史之的一套体会
《永乐大典》和它的价值
什么叫《八股文》

3
1984
WENSHI ZHISHI

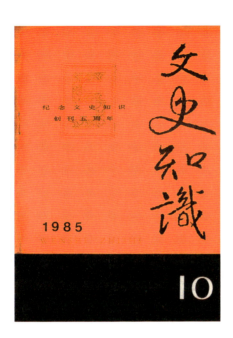

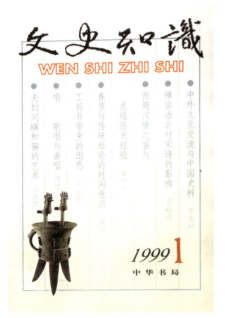

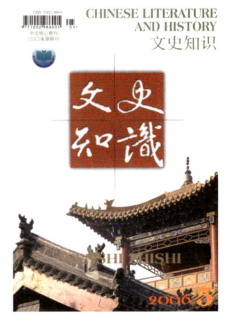

八　版面建筑师的威力

我们谈过了刊物的时代感、刊物的读者对象、刊物的作者队伍、刊物的形象等问题，这些问题都是从大的方面来谈的。从这一节起，我们谈谈具体问题。先从版面设计谈起。

版面设计者就是版面建筑师

在我看来，一本杂志经过编辑的细心审读、精心润泽，经过绞尽脑汁而斟酌出来题目，经过左挑右拣选好图片之后，最重要的便是版面设计了。为什么这样说呢？我们打一个比方。我常想，一个版面设计者好比是一个建筑设计师。他面对着一片"空白"，要把手边的材料（文章、标题、图片等）安排妥当，就如同建筑设计师，要在一片荒芜的土地上建筑起高楼大厦一样。从这个意义上讲，版面设计者也是一位版面建筑师。在那片"空白"上建筑起什么样的"高楼大厦"，在很大程度上取决于版面设计者。

有的同志也许会说，这是言过其词。这就牵涉到我们怎样认识版面设计工作了。

我们在接触一个人的时候，首先作用于人的感官的是人的形象，是潇洒大方，还是委委琐琐；是强壮高大，还是矮小瘦弱，正是具体的形象引起我们的联想和判断。如果一见面就讨厌，大概不可能谈下去，更不可能再约会。这个道理很简单。从美学的角度去讲，美感是由具体的形象引发出来的，美的形式引起快感和共鸣，给人以美的享受。所以，审美活动的起点，还是在形式美上。当然，起点并不是目的，但正如上述，作用于人的第一印象虽然并不完全准确，但它常常会起重要作用，甚至在一定条件下起决定作用。版面的形象也是如此。人们在刚接触到刊物的时候，也是版面形象首先作用于人们的视觉感官，美的版面唤起人的快感，吸引读者读下去，由形式审美进入内容审美。否则，一见就讨厌，还怎么看得下去呢？我们是否可以这样概括：版面设计是美术设计的一种，但它又不同于一般的美术设计，它要完成一个任务，就是继续完成观念的传递和传播。

随着刊物的发展，版面设计越来越受到重视，现在很多声誉很高的杂志，它们的版面设计者是由著名的美术家负责的。他们追求美，他们把要透过刊物版面来和读者视觉接触的东西，小到一个铅字的大小与形体，大到封面图片的选择和安排，都精心设计，使这本刊物出现在读者面前时，每一面、每一页，都是一件美术品。

什么样的版面算美

看熟了的报纸摆在桌子上，只要一看版面，我们就会知道是哪一份报纸。《人民日报》的端庄大方，《文汇报》的紧凑而略嫌繁密，《北京日报》总是一本正经而又显得松散，《中国少年报》的天真烂漫，这都是它们的风格，也是这些报纸版面设计家美的追求的结果。

什么样的版面算美呢？我想主要得具备如下几个条件：

第一，它要传达正文的风格。如果一篇文章是庄严的说理文字，版面却显得轻佻；如果是一篇抒情散文，版面却表现得道貌岸然，都应该说是表里不一，"文不对题"。《文史知识》是一本介绍中国历史和古典文学的刊物，如果也设计成像时下通俗文学期刊那样的版面，读者会讥笑版面设计者没有文化修养。记得编辑《文史知识》五周年纪念专号时，版面设计的同志颇费了一些脑筋。《文史知识》是介绍古代知识的刊物，要求典雅、素朴，可是五周年专号要传达刊物五周年生日的喜庆，又因为五周年专号是以讨论"八十年代我们怎样治学"为主题，还要有 80 年代的时代气息，版面设计的同志一改过去的风格，把天头留宽，显示出大方明朗；在题目之上安排短小的几十字的提要，既方便阅读，又显示出庄严和认真；封二、封三刊出各界人士的贺辞，以烘托出五周年的气氛，封面用洋红色，底边压上黑墨，上面覆以金色的图案，给人以喜气洋洋、金碧辉煌之感。这样的设计，既不失《文史知识》的风格，又突出了《文史知识》创刊五周年的喜庆。

第二，它要有生命、传神。版面一般由三个部分组成，这就是正文、标题和插图。有"生命"的版面要三者有机结合，浑然一体，好比是一个有生命的机体，各部分互相补充、互为依存，缺了哪一方面都不成。《文史知识》1982 年第 5 期有一篇文章介绍敦煌石窟的艺术成就，题目叫《彩塑·壁画·

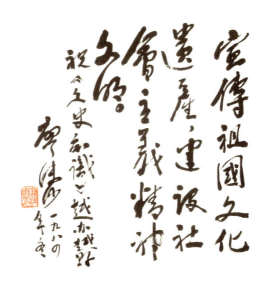

著名杂文作家廖沫沙为
《文史知识》题辞

藏经洞》。设计版面时，特地把敦煌石窟的全景用速写画出，放在版心的上方齐版口处，又因为横跨两面，让人感到十分突出，文章中间插以彩塑、壁画的图片，读者既读了文章又欣赏了图片，并且还配了一张当年伯希和偷盗敦煌藏经洞内文物的照片，增加了历史的真实感。

　　第三，要富于变化。日新月异，使人感到充满朝气；一成不变，结果是死气沉沉。从审美角度来说，人们总是喜新厌旧，所以，不断重复"誉满全球"、"领导新潮流"的广告术语就变成了笑柄。变化，包括文章标题的位置，选用插图的风格，尾花的形式，字号、字体的安排。但变化又是自然的，一本杂志有它的传统风格，大起大落，让读者感到面目全非，那是失招。

图片里的学问

　　图片在杂志版面上十分重要。大部分读者，当他翻开杂志时，第一眼总是先看版面上的图片。应该说，图片同文字一样，也是一种传递信息的符号，但它更具体、生动，因此也就更容易为读者所接受。一本杂志，尤其是一本知识性的杂志，一排到底，全是文字，读者会感到十分沉闷。即便是学术性的文章，中间配以合适的图片，也是可取的。

　　安排图片大有讲究。最上乘的要算知识性与艺术性都好的图片作品。如《文史知识》曾刊出《投壶趣谈》一文，介绍古代的投壶活动，我们同时刊出了河南南阳市卧龙岗汉画馆的投壶石刻画。画面上的壶，壶两面各有一人正在抱矢投掷，两人之旁，一彪形大汉席地而坐，他醉态毕露，一望而知是投壶场上的败将，多次被罚，饮酒过量已不能自持。看了这幅汉代石刻画，对投壶游戏不就很容易理解了吗？又如《漫谈古代灌溉工具》一文，文中介绍了"龙骨车"、"桔槔"、"辘轳"、"手转龙骨车"、"龙骨水斗"、"高转筒车"、"汲机"等等，用文字描述十分繁琐，我们配上从《农政全书》、《天工开物》中选来的图，制版配好，读者十分欢迎。

　　对于杂志的封面，如果能以艺术性强、知识性强的图片为主题，也是很好的。一年一组，十二幅一个主题，一定很好。如今年十二幅是中国古代的著名建筑，明年十二幅是古代著名的有代表性的书法作品，后年十二幅是近年出土的有世界水平的文物……年长日久，不就是一套套很好的图片资料吗？有不少读者只为了杂志中一幅好的图画，就会破钞买这本杂志，读者的这个心理我们应该重视。可惜，由于顾虑到印制成本，《文史知识》在封面上印制系列图片的愿望，一直没能实现。

近年有许多刊物封面爱用女人像，特别是美女像。刊物封面用点女人像未尝不可，尤其像《大众电影》、《中国妇女》等杂志。但据有人统计，中外有悠久历史而又有价值的刊物封面，女人的图片并不太多。须知世界之大，可以吸引人的人、事、物多得很，我们不必为了迎合一些人的口味而坏了我们的大计。

关于版面上的图，还应该提到那些装饰图案，如版头或尾花。杂志一般都分栏目，栏头有时要加一个图案，即版头；文章结尾，剩有一二百字空白，点缀一个小图，称为尾花。版头和尾花都是很细微的地方，但安排得好，会让人欣赏不止，情趣顿生。《文史知识》的版头曾用过篆刻图章，尾花曾用过动物肖形印，一图之微，颇受读者注意和怀念。

作为一名合格的编辑，应该有较好的艺术修养，应该有相当的审美眼光，应该注意各种艺术流派、各种美术作品，应该随时注意积累材料，这并不是要我们成为美术家，而是要当一名好编辑。

空白不空也不白

在设计版面时总免不了留下空白，有的空白有四五百字的地方，有的空白一二百字，处理好空白，对于版面和读者，关系很大。

碧空万里，一轮明月，之所以能引得万人仰首，生出无限情思，是因为碧空把明月衬托得格外皎洁，明月又让碧空显得无限辽阔。

洁白的脸庞上一点黑痣，之所以那么惹人注意，是因为衬托它的洁白的脸庞。

所以，对于空白要具体分析，适当的空白可以使文章更加突出，可以使读者感到轻松。有的刊物，让标题占了半页，看来好像浪费，实际给读者的印象更加强烈。版面设计者正是利用了空白的威力。古代的线装书读起来为什么十分吃力？有一个重要原因是它缺少空白。文章从第一个字开始，一贯到底，不分句，不分段，真是"一气呵成"。但这样一来，读者的眼睛就得有特异功能了。

上面所述，是让空白发挥空白的作用。还有一种形式，是补白。目前，文艺刊物配"补白"的较多，内容也较为丰富多彩，作家轶事、文艺信息、格言警句、短诗短文，几百字，甚至几十字，很有意思。学术性刊物对补白则不甚重视。有的就那样空着，半版的篇幅，甚至更多，很是可惜。有的作为转版之用，从解决下转文字来看，似乎立了大功，但从空白的利用方面来看，也是一种浪费。还有的刊登一些会议消息、工作简讯，好像也用得合理，但总是感到材非所用。《文史知识》从创刊以来，考虑到它是一个知识性刊物，要尽量给读者各种各样的知识，所以，一二百字，三五百字，只要是知识，它就编写成文，补上空白。年长日久，补白越积越多，上自天文地理，下到三教九流，积累了一两千条。有的读者来信说："刊物一到手，我先看补白，因为它短小、好读，易学、易记，希望不断刊登。"但对一个学术性刊物来说，应该刊登与刊物风格一致的材料，如介绍学术研究的新资料、新观点的短文，学术研究信息，学术动态，学术著作出版情况等等。总之，不要把补白当做点缀之物，应该视为整个刊物的有机组成部分。"小天地"里是有"大文章"的，的确应该如此。

当然，补白也不要补得严丝合缝，还要留出空白来。有人说："空白不空也不白。"这话是很耐人寻味的。

九 办"专号"的价值

白化文先生看到本书的写作提纲,特地写信叮嘱我:《文史知识》以专号著称,不可不写一篇"专号论"。白先生的话提醒了我,记得"佛教与中国文化专号"出刊后,读者来信络绎不绝,西藏《文史知识》的订户只有二人,这一期却要购70本,青海来信要购120本,最后,出版部留的书全部售完,编辑部诸位同仁的样书,也被朋友索光。"朝代专号"每出一期,都会收到不少来信,赞扬者有之,建议者有之,提供稿件者有之,索书者更甚。作为一个编辑,得到这种"回报",心里是十分欣慰的。读者为什么如此欢迎专号呢?这一篇我们谈谈专号。

由点及面与由面及点

办专号并不是新鲜事。一个刊物,或于创刊多少周年纪念之时,或者对某一个专题集中讨论,邀集一批作者,组织一批稿件,出一个专号,并没有什么特别之处。但如果照这样办专号,就没有什么大意思了。我常想,在相同的职业上,有许多人做出了重大贡献，也有许多人终其一生也没有成功，原因在什么地方呢？细看成功者的奥秘，使一个人成功或失败的主要原因不是职业，不是专业，主要在于个人。职业只有在个人尽其所能时才会为他提供机会。

所以，既要办专号，就要办得与众不同，但要符合自己刊物的特点。你是《文史知识》，突然来个"UFO"，来个天外来客专号；你是《文史知识》，办一个"性的报复"增刊，都不是正道。

《文史知识》最先办的是"朝代专号"。刊物已经办了一年半，总数出到第12期，路子熟了，照此下去，轻车熟路，省时省心，腾出手来干点自己的事不好吗？再说，我们每期

北京大学教授、九三学社中央副
主席金开诚为《文史知识》题辞

向读者介绍一些文史知识，春雨霏霏，润物无声，是为读者着想啊。但有很多读者着急，这个问题与那个问题有什么关系？一个朝代、一个时期究竟有些什么主要问题，能不能大体勾勒几笔？一封封来信，促使我们去探索、去解决。

和一些读者聊过之后，我茅塞顿开。《文史知识》的读者都是一些急于求知的人，其中很多是自学进修的青年同志，他们希望对某个范围的问题先有一个鸟瞰式的了解，也就是说在认识一个点的时候，先知道一下整个面大体是什么样子。大体知道面上的情况之后，再去深入研究那个点。由点及面，由面及点，这是符合人的认识过程的。

这时，我们决定搞"朝代专号"。

朝代专号所要解决的问题，就是知识的相对集中和系统。怎样能做到这一点呢？为了说清这个问题，我把《文史知识》第一个朝代专号"魏晋南北朝专号"的目录摘要如下：

专文：三国两晋南北朝在历史长河中的地位

治学之道：怎样研究魏晋南北朝史

谈谈魏晋南北朝文学

文学史百题：略谈汉魏六朝的小说

历史百题："八王之乱"始末

怎样读：怎样读《文心雕龙》

谈谈记述南北朝史事的"八书""二史"

文史书目答问：《华阳国志》

《文选》

诗文欣赏：试析曹操的《短歌行》

谈左思的《咏史》诗

我们细看这份要目，《三国两晋南北朝在历史长河中的地位》一文，是把这段历史放在整个中国历史长河中去研究，以便读者了解这段历史在整个中国历史上的地位。两篇治学之道，系统勾勒了魏晋南北朝历史和这一段的文学，这三篇是总的介绍，是面。有了这三篇之后，再来谈这段历史中的大事和著名的人物，就是点。八王之乱，英雄阿瞒，魏晋名士，麈尾清谈，无神论者范缜，羯族政治家石勒，竹林七贤，以及使洛阳纸贵的《三都赋》作者左思，写出"暮春三月，江南草长，杂花生树，群莺乱飞"名篇的丘迟，名震古今的《文心雕龙》，我国最早的诗文总集《文选》，还有《洛阳伽蓝记》、《华阳国志》……真是丰富多彩，琳琅满目。当然，12万字，三十几篇文章，不可能把魏晋南北朝全部介绍出来，但"粗线条"和"大框架"恐怕是勾勒出来了。最后，我们附了一个参考书目："学习魏晋南北朝文学、历史参考书目。"因为"专号"中所介绍的情况仅仅是粗线条勾勒，对于学习魏晋南北朝历史当然是不够的，读者要想深入钻研，可以按照这个书目参考其他典籍。

随后，我们又陆续编辑了"先秦专号"、"唐代专号"、"宋代专号"、"元代专号"、"明代专号"、"清代专号"、"近代专号"等七个专号。

著名古典文学专家吴世昌先生在世时看到"先秦专号"时，十分高兴，特地撰写《读〈文史知识〉"先秦专号"》一文，发表在《人民日报》上。他说：

> 《文史知识》每年两期专号，每个专号一个朝代，五年以来，从不中辍。这样的按部就班，从容不迫，是需要一点气魄的。"先秦专号"无论是在深度上还是在广度上都是有所开拓。整个专号细针密线，此呼彼应，品味此中之味，实可谓先得广大读者之心。

> "先秦专号"的特色，是多层次、多角度地反映先秦文明。既有宏观的概述，亦有微观的探讨。……纵横交错，将先秦文明作了多方面的描绘。

《中国报刊报》以《还是独辟蹊径好》为题，赞扬《文史知识》"朝代专号"是"独辟蹊径"，质量高，读者欢迎。中国先秦史学会为了表彰《文史知识》对先秦史研究的贡献，特地制作了一面锦旗，鼓励它"为先秦史研究做出贡献"。

"朝代专号"初具规模之后，《文史知识》又开始编辑"专题专号"。这种专号就是以某一专题为主要内容，对该专题的历史和今天的具体研究情况进行全面介绍，以帮助读者对中国文化既有纵向的了解，又有横向的了解，从而体现中国历史文化的悠久性和多样性。《文史知识》先后编辑的专题专号有："佛教与中国文化专号"、"传统文化讨论专号"、"道教与传统文化专号"等。

地方专号成功的启发

1986 年，我去东北组稿，在吉林大学中文系和师生座谈。一位同学说："《文史知识》能不能以地区为单位介绍一个一个地区的历史呢？"这真是一个好主意。这个主意，让我浮想联翩。我们有了朝代专号，再配上地方专号，朝代专号是从历史上讲起，一代一代介绍下来，出齐了，将是一部生动的通史；地方专号，以地域为中心，出齐了，不就是一部中华民族的生动"地图"吗？

冷静下来，再一细想，编地方专号可比编朝代专号困难多了。朝代专号是历史，是"死"的东西，只要把知识介绍准确、生动，重点突出，就行了。而地方专号，要编得好，就要了解一个地区的历史、文化，要掌握一个地区的风土人情、名胜古迹，特别重要的一点是，不但要介绍这一地区"死"的东西，还要介绍这一地区"活"的东西。那么，"活"的东西是怎样一个状况呢？这些"活"的东西与"死"的东西之间的内在联系是什么？要弄清楚这些问题，就要实地去考察，就需要得到当地有关部门、作者的支持，这一切，对于一个只有七八个人的小编辑部谈何容易！

怎么办？我想起美国的《读者文摘》杂志。我并不认为《读者文摘》能做到的事，别人就做不到。但《读者文摘》创办者的精神的确令人钦佩。华莱士创办《读者文摘》时，遭到许多出版商的拒绝，但他并不气馁，到处收罗可能订阅刊物的名单，用邮递方式征求订户，并说如果不满意，可以退

知识为智力的源
泉文史为知识的
先锋

为《文史知识》创刊三周年题词

茅以升 一九八三年

中国桥梁工程专家、教育家
茅以升为《文史知识》题辞

款。结果，他得到 1500 个订户。《读者文摘》办起来了。
七十多年来，《读者文摘》的口号始终是"重视读者的需要"，
它终于成为每月以 15 种文字出版、印行 39 种版本、全球
销售 3000 万份的大杂志。

要干事业，就会有各种各样的困难。而要把事业干成功，
就必须战胜这些困难，付出超出常人的精力来。

开始我们想办江西专号，因为刊物的一个朋友在江西，
他十分热情地支持这一计划。我们正在积极地酝酿的时候，
江西省委的一位领导同志来北京开会。这真是天赐良机。我
们专程到这位领导同志下榻的宾馆去拜访。在会客室等了近

一个小时，领导同志的秘书从楼上下来说，领导同志很忙，不能见面。秘书的话使我们发热的头脑顿时清醒了。从三楼下到一楼见一面的时间都没有，的确是太忙了，如果去江西，不是更要打扰这位领导同志的工作吗？我们转向山东。山东是齐鲁之邦，圣人的故乡，编地方专号内容是十分丰富的。山东省委对这一工作十分重视，他们反而认为办山东专号是支持他们改革开放，是宣传山东的一种好形式，多方鼓励我们，支持我们。省委宣传部派专门干部和我们商量编专号的安排，组织省内专家、学者论证选题，派旅游局干部陪我们采访，安排吃、住、行，宣传部长亲自会见编辑部同志，省长亲自写文章，省委书记亲自为专号题词，真是有远见、有气魄。

山东专号顺利出版了。山东省委宣传部买了1万册，发给省内有关宣传、旅游的同志阅读。现在地方专号很受欢迎，好多省要求我们给他们编一期专号，但刊物不能连续出地方专号，只好请他们排队，等着安排。

地方专号的成功，把我们的编辑业务大大推进了一步。朝代专号以时代为序，可以说是时间系列，地方专号以地域为中心，可以说是空间系列，两大系列经纬交织，再以专题专号点缀其中，三大系列交互推进，可以逐步编织出一幅中国文化的灿烂图景来。从对青少年进行爱国主义教育方面来说，地方专号也有现实意义。以地域为中心，将各地区文化的古往今来介绍给读者，使广大读者不仅了解我国的过去和现在，而且了解我国地域广大，每个地区都有丰富多彩的文化。正是这一个地区、一个地区的丰富多彩的文化，构成了伟大古老的中华民族文化。这些内容既是乡土教育的好教材，又是爱国主义教育十分具体、生动的好材料。山东省委如此重视，投入那么大力量，恐怕眼光就在这里吧？两个积极性碰在一起，地方专号成功了。

办好专号的三个要点

1. 专号的作者

专号，不论是"朝代专号"、"地方专号"还是"专题专号"，选择作者十分重要。"朝代专号"我们强调"三名三高"，那就是选择某一朝代、某一时期著名而重大的事件、人物为题，请在这一选题的研究方面有高深造诣的名人来写，写出高质量的名文来。

"专题专号"选择有高深造诣、影响大的作者来写更为重要。因为只有这些先生写出来的文章，读者才会信服，专号才能打得响。比如"佛教与中国文化专号"中，《佛教与中国文化的关系》一文请中国佛教协会会长赵朴初先生撰写。《佛教与儒教》一文请中国社会科学院宗教研究所所长任继愈先生撰写。"治学之道"请季羡林先生来谈。季先生研究佛教五十年，著作甚丰，所谈治学之道，当然令人信服。阴法鲁先生（撰写《中国古代佛教寺院的音乐活动》）是研究古代音乐的专家，罗哲文先生（撰写《漫谈塔的来源及演变》）是古建筑专家，周振甫先生（撰写《谈谈以禅喻诗》）是古典文学专家，袁行霈、方立天、杨曾文、白化文、杜继文、许抗生都是颇有建树的著名学者，连"佛教知识"这些小文都是请的佛学会的大师们撰写的，所以，写得地道、准确，娓娓动听，引人入胜。

这一期专号办得相当成功，反响强烈。专号刊出后，《文汇报》、《文汇读书周报》、《广州日报》相继发表评论文章，认为"佛教与中国文化专号"是一次"大胆的开拓"。应当肯定地说，这一期专号成功的原因是多方面的，但选择作者合适是至为重要的。

"地方专号"在请对某一地区历史、文化有专门研究的名家学者撰文的同时，要注意挑选当地的作者，特别是当地有影响的作者，一定要请他们为专号写文章。这一方面是因为他们生活其中，对当地的历史、事件、人物了解得具体，写起来有感情；另一方面，也是因为他们是一地的英才，在那里有他们的学生、朋友，有他们的老师、亲属，刊物发表了他们的文章，影响会很大。

2．专号的选题

所谓选题，对专号来说包括两个内容，一是办什么专号，一是专号中一个个具体的题目。

办什么专号？任何一个编辑都希望自己编的书籍、出的刊物引起读者的注意，引起轰动，但真正能引起轰动的好书是很少很少的，其中的经验教训大家都很清楚，无非是平庸和重复这两个问题。平庸，即没有什么出奇之处，有它也可，没有它也没有感到缺少什么。做一个这样的人很让人难过，编出这样的刊物也是一种浪费。重复，或跟在人家后面再编出一种，或重复自己的劳动，又增加一个，同样是浪费。

要抓住一个好的选题，重要的条件是信息灵通，了解

"需"的方面，了解读者的意向。了解需求是一个关键因素，能满足需求的东西才算有价值。汉字"美"，是由"羊"与"火"两部分组成，大概我们的祖先认为用火烤的羊肉是美好的。为什么呢？因为好吃。吃是人类最基本的生活需要，能满足人类基本需要的东西才是美的。推而广之，对于编辑来说，能满足读者的需要才是美的。

我们编"佛教与中国文化专号"，是因为我们看到灵隐寺烧香求佛的人十分多，不但有老者，而且有青年学生，甚至国家干部；是因为看到普陀寺道场之兴隆；是因为大学里选修宗教课的人越来越多。一个文化出版工作者的责任告诉我们，我们应该正确地引导他们，我们应该向他们介绍准确的佛教知识，我们应该告诉人们神秘的宗教的内幕，为此，我们安排了《怎样认识佛教徒的人生观和道德观》、《佛教在中国的流传与发展》、《何谓"四大皆空"》、《中国僧侣与劳动生产》、《中国佛教的宗派》等文章。

《文史知识》创刊五周年了，五年的道路不平坦，要纪念一下。怎么编这个专号？也就是说怎样确定选题？研究再三，我们拿广大读者来信中反映最多的一个问题做文章。这个问题就是："八十年代我们怎样治学。"有不少青年学生来信谈到，现代科学技术深刻地改变着人类的社会生活，如何跟上时代的步伐，是我们面临的现实课题。有的读者说："今天，仅仅用过去的手段，一本书一本书慢慢地啃，把老一辈学者已经走过的老路重复走一遍，然后再开始研究新问题，恐怕我们这一代人永远赶不上学术发展的速度，也永远超不过老一代学者。"

"八十年代我们怎样治学"？这是青年学生普遍关心的问题，于是，我们确定《文史知识》五周年纪念专号的中心是开展"八十年代我们怎样治学"的讨论。请青年人敬佩的李泽厚、金开诚、林甘泉等先生结合自己的实践谈八十年代怎样治学。此外，我们还组织专文回顾和展望了中国历史和古典文学研究的收获和未来发展的趋向，介绍了三论研究法、比较研究法、符号学等国内外新的研究方法。

上述两个专号都很成功，总结起来一个很重要的原因是，准确及时地了解了读者需要，按着读者的需要安排了选题。

3．专号的广告

这是讲的宣传问题。"桃李不言，下自成蹊"，是说做人的美德。对于一个刊物，对于一个处于一年有 6000 余种刊物出版的大国中的刊物，不宣传是肯定不行的。一位著名的出版家曾经说过："做生意的唯一目的，就是服务人群；而广告的唯一目的，就在于对人们解释这项服务。"专号是卖力气编的，做了大量的调查研究和组稿工作，对于有"三名三高"之实的专号，不宣传，不让更广泛的读者了解，是一种浪费。所以，一定要舍得花钱给这一期做广告，一定要舍得花力气组织人评论这一期内容，努力争取使这些评论文章在全国有影响的大报上发表。

关于刊物的广告问题，后面将有专文论及，这里暂且从略。

十　杂志是主编身影的伸长

这一篇我们要谈一谈刊物的主编。

万 鸟 主 编 及 其 他

在我们谈论之前，我先讲一则轶事。很久以前，有一本杂志，名叫《万象》，创办人聘请了一位主编，希望能把杂志办得生动、活泼，包罗万象，让广大读者都喜欢。这位主编喜欢养鸟，鸟类是他最关心的、最感兴趣的东西。他认为大家对美丽的鸟儿一定也感兴趣，或者也应该像他一样感兴趣，所以，鸟类随着该主编入主编辑部而进入刊物——封面是珍禽异鸟，文章是鸟的奇闻趣事，不上半年，《万象》杂志便鸟言鸟语、啁啾一片了。结果呢？杂志由"万象"变成"万鸟"，读者渐渐离去。

我由这则轶事想到了美国《时代周刊》创刊四十周年时的一件事。当时的美国总统肯尼迪致《时代周刊》的主编亨利·鲁斯的电报中说："伟大的杂志都是它主编身影的伸长。……《时代周刊》在近半个世纪罗列人类经验的努力中，曾经供给它的读者以报道和消遣，但也曾令他们错愕，甚至动怒。我像大多数美国人一样，并非常能同意《时代周刊》的意见，但我差不多总是读它。"

《时代周刊》办得究竟如何我们不去评论，对于肯尼迪的意见是否正确我们也姑且不论，但这段话中涉及到杂志的两点意思颇值得玩味。一是"杂志都是它主编身影的伸长"；一是"并非常能同意《时代周刊》的意见，但我差不多总是读它"。

"杂志都是它主编身影的伸长"，看起来似乎给"万鸟主编"找来了理论根据，实际上恰恰相反。一本杂志的主编，在很大程度上决定着刊物的方向、风格，所以，要求一个主编要有高尚的情趣，敏锐的眼光，严谨的自我修养。刊物不是给几个人看的，他要给全社会的人阅读，刊物的主编担负着庄严的社会使命，所以他个人的偏爱、偏见，绝不应该代替刊物的宗旨。

第二点，要做到就更为不易。一个读者，不完全同意一本杂志的观点，却"总是读它"，这本杂志的观点一定有它的道理，它的言论定能发人思考。这与主编大有关系。杂志的主编要有头脑、有眼光、有胆量、有魄力，否则人云亦云，追求时尚，谁还尊重你，谁还明明不完全同意你的观点，却还要"总是读它"呢？众所周知，一本严肃的杂志，让读者得到"报道"、"消遣"，固属应当，然而让读者"错愕"、"动怒"，也是成功。

除去"万鸟主编"，还有几种主编也大有人在，这里我再勾勒几笔。

好心主编：这种主编最为热心，他的朋友送来一篇文章，他设法安排；他的学生送来一篇文章，他也不愿拒绝。而这种私下捅来的稿子多半不大够发表水平，好心主编也知质量不行，但他也不愿意让求他的人失望。于是，这一期夹进去一篇，那一期塞进去两篇，久而久之，刊物的质量能够不打折扣吗？"好心主编"千万当不得，为了刊物，只好得罪一二位朋友了。

　　拿来主编：从何处拿来？从堆放每日来稿的稿架上。这种拿来主编平日都是很忙的，忙外交，忙应酬，忙开学术会议，忙自己著书立说……所以总是腾不出工夫考虑刊物的选题计划。发稿日期到了，急忙从堆放每日来稿的架子上挑拣。办刊物的同志都知道，自由来稿因为作者不了解刊物的宗旨、要求和计划，这类稿件鲜有合格之作，但"拿来主编"火烧眉毛，"山中无老虎，猴子称大王"，拼拼凑凑，一期发出。一年不必多，有这样三次，刊物就危险了。读者的嗅觉非常灵敏，你是凑合的还是下了工夫编的，总是瞒不过他们。凑合了事，谁还买你的账？

　　婆婆主编：这种主编非常负责，每一个选题都得由他亲自定。编辑外出组稿，必须事事请示，否则组来的稿子就可能被枪毙，因为主编看不顺眼，他会说："谁让你自作主张组稿呢？"凡是"婆婆主编"执政的地方，编辑多半不愿意出去组稿，因为好不容易组来一篇稿子，说不定还得自己想尽办法厚着脸皮给人家退回去。我知道一本刊物，就是"婆婆主编"执政，而且不止一个婆婆：编辑室主任、主编、分工主管的总编辑。让三个婆婆都满意真如过五关斩六将，第一个婆婆说可以，第二个婆婆说不行，得退；第二个婆婆说可以，第三个婆婆说不行，还是不行。这样搞上几次，谁还愿意再去惹这麻烦呢？时间一长，人人不去组稿，刊物的日子可想而知了。在这种地方当编辑，每月给我 500 元我也不干。

由凡尔纳的名言想到的

"一个人能产生想象，另一些人就能将这种想象变为现实。"这是法国科学幻想小说家、著名的《格兰特船长的儿女》、《海底两万里》的作者凡尔纳的名言。我借用这句话，是想谈谈想象力对于杂志主编的重要。

含英咀华推陈出新
評量文史足張一軍
文史知識創刊五周年書此
頌之一九八五年十月劉葉秋

商务印书馆编审、《辞源》
（修订本）主编刘叶秋为
《文史知识》题辞

杂志的主编应该具备哪些条件呢？谁都可以开出几条十几条来，那些条件都十分重要，但从我自己的感受来说，一个好的主编在许多必备的条件之外，有一条是绝对不可缺少的，这就是丰富的想象力。

　　有一位作家，在谈到创造力时说："天才比凡人优秀的因素不在判断力、记忆力的差距，而是在于创造力的想象。"（乔治·哈里森《头脑运动》）这话说得很有道理。

　　有人把人的智能归纳为如下四个方面：

　　①吸收能力，即观察和运用注意力的能力；

　　②记忆能力，即记忆和回忆的能力；

　　③推理能力，即分析和判断的能力；

　　④创造能力，即想象、预见和提出见解的能力。

　　这四种能力，前三种已为电脑所具备，人们可以借助电脑实现这些能力，但想象、预见和提出见解的创造能力还没有任何一种机器可以替代。

　　想象力是什么？说白了，想象力就是出点子的能力，就是不断有新点子拿出来。不断有新点子，刊物才会月月有新意，年年有变化；新点子不断成功，才会使编辑部的同志们受到鼓舞，得到激励，进而更加热情地去想新点子。

　　点子怎样会想出来呢？有人说，那是机遇。这话似乎有一定道理，日常生活中这一类的例子也是很多的。一位猎人在山上黑色岩石旁燃起一堆篝火，他吃惊地看到黑色岩石也燃烧起来，并冒出了火焰。猎人意外地发现了一个露天煤矿。但是，有无数创造、发现却不然。陈景润的推进解决哥德巴赫猜想，是因为床下面几麻袋演算草纸。白居易的佳作迭出，是因为他"二十年来，昼课赋，夜课书，间又课诗，不遑寝息"。好的点子来源于努力的探索和实践，而机遇只有那些艰苦努力的人才能得到。

作为一个主编，他要对日常生活、对学术界动向做深入、细致的观察和研究。要研究读者层的人格、爱好、一致性、转移性、流动趋势……从中产生令读者欣喜、赞叹的好点子。

一次，我们去长春吉林大学调查。座谈会上，学生们提出《文史知识》"青年园地"栏可以组织青年学生进行讨论，可以刊登一个系，或者一个学习小组辩论某个问题的一组文章，可以请老师主持。我们立即捕捉住这个好主意，进行研究。学生思想活跃，容易开展对某一学术问题的论辩；而把不同观点的文章刊登出来，又有利于促进学生生动活泼地学习，激发学生的积极性；请老师主持，并请老师写出评价文字，也有利于老师的教学活动；老师的积极性调动起来了，可以保证讨论文章的质量。而且，我想，登一个学校的一组文章，在那个学校里肯定会造成较大的影响，借此机会，学校里就会有更多的人知道我们的刊物。从那以后，我们一连刊登了四组讨论文章：关于薛宝钗形象的讨论（北京大学中文系学生），元代历史地位笔谈（内蒙古大学历史系学生），关于《长恨歌》主题思想的讨论（吉林大学中文系学生），如何理解孔子所说的"思无邪"（复旦大学中文系学生）。这个做法很受欢迎。我们去内蒙古大学组稿，系领导非常重视，安排教师负责，组织学生讨论，还对学生说："大家努力去写，写好了可以作为毕业论文。"

这个点子来源于生活，又高于生活。点子的成功，与辛勤努力分不开，与我们的发现、捕捉、决断分不开。

还有，我们办的"佛教与中国文化专号"，那是很得好评、很成功的一期。开始，我们并没有想到这个点子。有的同志要办"民俗学专号"，但考虑到"民俗学"一词不易为广大读者接受，就犹豫了。正巧这时，《光明日报》报道了一位宗教研究工作者的事迹，报道了东南沿海一带寺庙香火繁盛的情况，讲到大学生也去烧香拜佛。我们捕捉到这些信息，感到这里也有一个"流行趋势"的问题，有一个读者关心（即"一致性"）的问题，便决定编"佛教专号"。当时，编辑部有的同志担心作者不好物色，也担心我们自己佛教知识有限，稿件难以加工。但经过几次讨论，大家认为，这些都是次要的，一个好的点子，不能抓住，那是最大的遗憾。于是，大家一起动手，请专家，求学者，找和尚，寻居士，一期有声有色、丰富多彩的"佛教专号"出版了。

在调动我们自己的想象力的同时，还有一些问题应该注意，那就是要善于发现并学习你的竞争者的好点子和好招数。但一定要注意，不要直接针对人家的优点去模仿、去套用，而是要举一反三，想出新的"突破点"来一争短长。

《文史知识》创刊七年来，日积月累保留下来二十几个好的栏目，前后呼应，已成体系。后来发现有些刊物也设计了大同小异的栏目，你有"怎样读"，它也有"怎样读"；你有"治学之道"，它也有"治学之道"；你有"文史信息"，它也来个"文史信息"；你有"百题"，它也有"百题"，真有点亦步亦趋的味道。当然，作为中国文史，东西就是那么多，谁都可以介绍，但编辑的方法、点子，却应该推陈出新，否则读者就会感到你的刊物缺少新鲜感，甚至会使读者还没有看文章只看栏目就产生了逆反心理，这对于我们编辑太不上算了。

因为工作忙，没有那么多时间读各种杂志，但对于各种杂志的目录我总要浏览一遍，目的是用最少的时间获取信息，从中受到启发。"文化史知识"专栏是《文史知识》最受欢迎的栏目之一，但这一栏目的设置却是受兄弟杂志的启发而来。一个杂志偶尔登一点文化史方面的文章，诸如古人的座次尊卑，古人的抢婚习俗，古代的穿衣吃饭，我们自己爱看，周围的同志也爱看。于是我们变零敲碎打为系统介绍，特别开辟了一个专栏，每期登三四篇这方面的文章，后来居然成了《文史知识》的代表性栏目。有不少读者说，为了看这几篇文章，我也要订《文史知识》。

主编和编辑们

一个好的主编要具有把自己的编刊思想变成编辑部大家的编刊思想的能力，要具有把大家的智慧集中起来化成自己的智慧的本事。

办刊物不是主编一个人的事，制定选题，组织稿件，编辑加工，都要靠大家去做，只有大家的思想一致了，制定选题，组织稿件，谁去办都不会走样，都是一个要求，一个调。主编怎样才能把自己的编刊思想变成大家一致的认识呢？我感到最有效的办法是不论做什么事，如设计选题、安排栏目、

知識與趣味結合
普及与提高結合
繽紛多采生動清新

文史知識創刊五周年紀念
周一良　時年七十

组织重点文章，都要一起讨论，一起商量。主编要不厌其烦地讲解为什么这样安排，要让大家充分地发表意见，然后吸取大家意见中的精彩部分，充实、修改原来的方案，拿出去，大家执行，这是事前。而事后，当刊物出版后，要及时组织总结，加以评讲：哪篇文章好，哪个栏目好，哪篇不够，有什么问题……目的呢？还是宣讲编刊思想和怎样实现编刊思想。有时，有的同志会感到此事与自己无关，不想参加讨论。这时，还是要坚持大家都来总结，即便与自己"无关"，听听别人是怎么干的，为什么干得好，为什么不好，也是一个统一思想、统一认识的过程。久而久之，讲多了，听多了，就会形成一个概念。知道刊物的要求，知道好坏的标准，不论谁去做，也不会走样了。

　　其次，主编要善于汇集众人的智慧。主编切不要总说"这事我知道"、"这个我想到了"。你什么都知道，别人就不愿再和你讲他的建议了。主编千万不要贪人之功。部下有了好想法、好主意，一定多加鼓励，帮助他完善，如果有条件，还应该给予奖励。我们编辑部有个年轻同志，当时他只有二十几岁，还是个见习编辑。他想到一个好点子：我们的"诗文欣赏"文章中，经常讲到"意境"、"情景交融"、"雄浑"、"沉郁"等等，是否专门组织一批文章，给读者讲讲什么叫"意境"，什么叫"情景交融"。我立即感到这是个好主意，马上和他一起完善他的想法，丰富他想的选题，并当机立断在"诗文欣赏"栏目中增加了"怎样欣赏古典诗词"一项。从那以后陆续发表了一系列的文章，如：《动静交错意趣生》、《何为隽永》、《诗的含蓄美》、《画意与诗情》、《说"清空"》、《诗的色彩美》、《诗歌的气象》、《什么样的诗算有"意境"》等二十几篇文章。一方面有具体欣赏的文章，一方面有理论方面的漫谈，受到读者欢迎。后来，在这些文章的基础上，我们还编了一本书，名叫《诗文鉴赏二十讲》。

这样的例子是很多的。在实践中，我深深感到，鼓励有助于人们提出设想，而互相支持是最能使人们产生设想的好气氛。创造性的主要部分在于不断、反复地探索与试验，而成功和乐趣正在其中。说到底，这里边一个关键，就是刊物的主编要虚怀若谷，要有一切为了刊物、为了事业的精神和气魄。

十一　主编的经营艺术

　　上一篇，我们谈了主编所应具有的文化素质和领导艺术。这一篇，我们要谈一谈主编所应具有的另一个素质：经营意识。

　　"经营"，在我们的传统观念中是不被看重的。我不止一次地听过一个负领导责任的老编辑讲过：我一生只想怎样花钱。的确，把钱花好了，花在点子上，不容易。但那是建立在有人保证供你钱的基础上。如果没有人给你钱，如果让你自负盈亏，只想怎样花钱就不行了。到现在为止，我还没见到过一个只想怎样赚钱、赚了钱让别人去花的人。如果真有那样一个人，我倒很想和他搭伙，干一番事业。

梦魂牵绕的每月15号

　　我编刊物的几年，最感压力的便是订户的数字，最牵动人心的日子是每月15号，其中尤以6月15号、12月15号为甚。因为负责征订工作的邮局，每月15号报下个月的征订数字，而6月15号、12月15号则是报下半年和第二年的订户数字，那可真是性命攸关的时刻。每到13、14号，大家就开始猜测、议论纷纷了。有一件轶事，不妨说说，可以看出"15号"给刊物编辑造成的巨大压力。1987年，因工作调动，我已经不再主持编务，但"12月15号"仍然牵动着我的心。12月刚过，我就惦着这一天，不知明年刊物订数如何！可巧，因为工作忙乱，到15号那天，我居然把此事忘记了。16号夜里做了一个梦，梦到刊物订数大降……一下子吓醒了。知道是梦，庆幸不已。早晨一上班，便往编辑部打电话去问。真可谓梦魂牵绕啊。

关心订数，这是好事。读者是刊物的上帝，不关心读者想什么，要求什么，有什么意见，怎能供奉好"上帝"呢？

有人曾经说过，传统文人办刊物的缺点是：在言论上，是书生论政，不切实际；在编辑上，是一厢情愿，自我欣赏；在印刷上，编印分离，不能配合；在经营上，两耳闭塞，不论效绩。

所谓"在编辑上，一厢情愿，自我欣赏"，就是不关心读者的反应，不了解读者的愿望；所谓"在经营上，两耳闭塞，不论效绩"，就是不了解市场信息，不了解竞争对手的动态，不重视刊物发行的好坏。

所以，一个刊物的主编，不但要会编刊物，还要会经营刊物。

独此一家，别无分店

书刊虽然是精神产品，但它仍然是商品，商品就要受价值规律制约，就要重视市场的作用。要搞好经营，就要做好市场分析。

卖冰箱的，要研究其他冰箱厂家的销售情况。开饭馆的，要知道人家饭菜的价格水平。同样，办刊物的也要密切关注同类型刊物在市场上的地位和变化。与《文史知识》性质或内容类似的刊物不少，每创刊一种就增加了一个竞争对手，我们时时与之比较，分析自己刊物所处的位置。一方面，我们看到共性，看到彼此之间确实处于竞争的位置上。好比农贸市场上卖水果的，一排小摊，全售苹果，不怕不识货，只怕货比货，哪个摊位上的苹果好，一目了然。你的货色比不过人家，只好在价钱上压低一些。另一方面，我们要找出区别。如四川的《历史知识》，它是更加普及的一种；北京的《外国史知识》，主要介绍外国的历史；河南的《文学知识》，以介绍现代、当代文学为重点；江苏的《古典文学知识》，创刊后路数渐渐与我们相近，但它毕竟只限于介绍古典文学知识；天津的《历史教学》，它主要面向中学历史教师，谈历史知识，更主要是谈历史教学；至于中国社会科学院的《文学遗产》、《历史研究》两个大刊，它们是研究性刊物，档次高，不会争我们的读者。而《文史知识》，它兼及古典文学和历史两个领域，它的读者对象属于中等偏上水平，试图顾到上层，这些都与其他刊物不同。找出区别的目的是为了更好地编出自己的特色，谁要看这类内容的文章，只此一家，别无分店。如果我们真能达到这样的效果，我们的刊物在市场上就能够"奇货可居"了。

幽僻处早有行人

"奇货可居"并非易事，要竞争，还得另想高招。刊物主编要特别重视特定地区的竞争力和潜在市场的开发。借用一句古语，叫"幽僻处早有行人"，对于书刊发行的幽僻处，也要多下功夫。

北京、上海、天津这样的大城市，刊物多，争取读者要下大力气。在一些偏远地区，在那些被同类刊物所忽略、认为没有多大市场的地方，则不同。那里的刊物少，读者选中你的刊物的比例大得多。我们采取的办法是努力争取在地方报纸上做广告，发表评介文章，尽量与地方报刊交换广告。

北京大学教授吴小如
为《文史知识》题辞

另外，我们还尽力发表地方作者的稿件。地方的刊物较少，作者发表文章的机会也少，我们通过各地的特约通讯员，请他们就地物色作者，组织稿件，效果是很明显的。在一个特定地区，全国知名学者的文章不一定比当地学者的文章影响大。当地学者的文章发表了，他周围的亲朋好友、先生弟子，都十分关注，纷纷祝贺，口耳相传，无疑会扩大刊物的影响。我们还派专人去访问某些外地大学，组织大学师生对某一专题开展讨论，然后请他们把讨论情况写成文章，编成一组笔谈。最大的举动是编辑"地方专号"。编地方专号，第一，要取得当地政府和宣传部门的支持，这是专号工作能够顺利进行的保证；第二，要以当地作者为主，这样既能调动当地学者的积极性，又能扩大刊物在当地学术界的影响；第三，从内容上说，写当地的历史、人物、经济、政治、文物、名胜，当地人一定会关心，一定会有很大的兴趣。事实也正是如此，"山东专号"出版后，山东省委给予充分肯定，省委宣传部一下子买了1万册，作为乡土教育的材料，作为旅游宣传的材料。从刊物经营的角度去讲，无疑这也是1万份"广告"，对于打开《文史知识》在山东省的发行局面，起了很大的作用。

非到绝路，不出此下策

世界上著名的报刊，多半是靠广告费来维持的。报刊的销量越大，广告与发行收入越多。美国的《读者文摘》甚至说：如果读者愿意付邮费，他可以免费得到《读者文摘》，因为该刊的广告收入已可以支付编辑与印刷的成本而有余。

创刊于 1936 年的美国《生活画报》，到 1954 年销量已超过 550 万份，据计算，它的出版费用七成由广告收入支付。它的成本每本 0.41 美元，但读者购买一期只付 0.12 美元。

靠广告费来维持，不等于刊物的经费永远没有问题。而出现了问题并难以维持下去时，刊物可能就会涨价。

我们的刊物销量一般都有限。今天，在全国有 6000 余种杂志的情况下，专业性强的刊物，发行到一二十万已属难能可贵，靠广告收入是很难维持经营的。我们只能把纸价、印制费、发行费计算入成本，这样一来，就经受不住物价的起伏了。《文史知识》创刊八年，涨价四次。每次涨价，编辑部内部都讨论不休，计算、研究，再计算、再研究，实在无路可走了，只好下决心涨价。为什么这样难下决心？我认为非到绝路，不出此下策。据有关资料介绍，美国的《生活》杂志，增加订费之后，每月只有 5% ~ 6% 的旧订户续订。这个现象是很让人在涨价的决定前踌躇的。

非到绝路，不出涨价之下策，但如果真正到了不涨价不行的"绝路"，也不能打肿脸充胖子，该涨还得涨，因为不涨已不能存活了。事实证明这个涨价只要实事求是、精打细算，同样也会得到读者的理解。如很有影响的杂志《新华文摘》，有人计算过，它调价的幅度，跟市场上猪肉价格调价的幅度几乎是同步的。四年前，猪肉每市斤售价 1 元，今天每市斤 3 ~ 4 元。早先，《新华文摘》每期篇幅 268 面，定价 1 元。1986 年，篇幅减少一个印张，减为 252 面，定价 1.65 元；1988 年篇幅又减少两个印张，到了 220 面，定价提到 2 元；1989 年，仍为 220 面，定价提为 3.60 元，加上篇幅减少三个印张的因素，算起来，四年来定价调高约 400%。尽管如此，它的发行量仍为每期 17 万份，说明只要涨得合理，读者还是可以接受的。

《文史知识》也采取老老实实、实事求是的做法。我们把读者当做自己的知心朋友，每次涨价都向读者如实交代。把为什么要涨价，纸价、发行费、印工支出，原原本本交代清楚。我们这种做法得到了广大读者深深的同情、高度的谅解，每次涨价都没有出现订户的大的起伏。这次因为邮费的上涨，《文史知识》的定价由 0.58 元，一下子涨到 0.80 元，订户仍然有 15 万之众。

这个结果对编者当然是极大的安慰，它证明读者的确需要它，也可以证明，它的编辑方针、内容、形式是合理的。

读者调查的运用

作读者调查对改进刊物十分重要，这似乎早已为刊物的编者所接受，但所说的道理却不尽一致。有的编者想从中得到一点读者的意见，有的编者想听听读者的反应，应该说，这都是对的，但还都是表面的东西。一个好的读者调查，编者会从中得到很多收获。

一般的读者调查内容大致有三种。第一种是广义的读者调查。如盖洛普国际研究所作的《亚洲人民与其他各洲人民民意测验统计》（见表一）。

这个调查设法了解并估计人类的幸福、志愿、忧虑和困难，探讨对世界大事的看法与态度。这种调查有益于高层次制定政策时参考，对刊物的编者来说，他可以借以了解人们最关心的问题、最紧迫的困难、最快乐的事情。这些宏观的情况，无疑会增加刊物编者的历史责任感和使命感，会帮助刊物的编者高瞻远瞩地制定刊物的宗旨以及实现宗旨的手段。美国福特汽车公司的董事长曾经说过："过去的二十年间，企业界已懂得正确与合法的活动，光是以盈利或亏损的字眼来评判是绝对不够的。更重要的是——明确地知道国家的目标、社会和经济的目的，以及尽可能地使行动与民意的巨流相吻合。"这是有深刻见地的认识。社会调查正是了解民意的有效手段。

第二种是调查读者具体的生活方面的问题，了解一

踏莎行

祝"文史知识"创刊五周年

"文史知识"，百家园地，五年来成绩飞腾。悠悠往古传信息，为四化取精用宏。

读者开卷，春风融融，普及提高相辅成。喜看学术多创新，园中花木益峥嵘。

一九八五年十月 阴法鲁

北京大学教授阴法鲁
为《文史知识》题辞

个读者的家庭、工作、收入、财产等等。美国《〈读者文摘〉读者调查统计》就是这样的调查（见表二）。

一个刊物调查这些内容有什么必要呢？一个读者订阅杂志是为了丰富知识、了解社会。丰富知识、了解社会又是为了什么呢？为了完善自我。而完善自我最终是为了改造社会、为社会创造幸福，同时，也为自己创造幸福。今天，我们国家各行各业都在改革开放。这样一个千帆竞发、朝气蓬勃的大环境，为人才的成长创造了极好的机会。很多人把阅读作为跟上时代步伐、与时俱进的必要步骤，很多人阅读刊物，汲取新知识，武装自己，以便取得较好的工作，提高工作效率。有的报刊理论研究者认为，一个人生活在社会中有一个"安全边际"，也就是说一个起码的安全线，到了这条线的边缘就要特别注意了。而报刊担负着"守望"的作用、"报警"的作用、"解释"的作用和"促进"的作用。考虑到这一点，了解到每一个读者的"安全边际"，对刊物的经营意义就更大了。比如中学教师对讲教学方法的刊物，医生对医药刊物，学习文史的与文史知识一类的刊物，诗人对于诗刊。虽然刊物定价高，他们从中得到的好处大，对守护他们的"安全边际"大有好处，他们仍然要订阅。

第三种读者调查是狭义的读者调查。如表三所示《〈文史知识〉征求意见表》。这种读者调查是为征求读者对刊物内容的看法与建议而进行的，目的是改进编辑工作，调整编辑方针，从中体察读者的情绪、要求和兴趣。

在做过读者调查之后，要注意对调查的结果进行认真的分析研究。刊物经营的好坏，订户上升多少是标志之一，但作为刊物的主要经营者，应该把着眼点放在保持原有订户的稳定上，如原有订户有没有投入竞争对手的怀抱，原有订户对刊物有什么意见，这些意见反映了一种什么情绪和趋向。如果原有订户有了背你而去的趋势，就要检查刊物的办刊宗旨、方针的执行情况了。可以说，读者调查是检验刊物的实际形象与自我期望形象之间的差距的较好的方法。

附：

表一

亚洲人民与其他各洲人民民意测验统计 （以百分率计算）

		北美①	西欧②	拉丁美洲	非洲③	亚洲④
1	个人幸福					
	快乐	90	80	70	68	48
	不快乐	9	18	28	31	50
2	认为自己奋斗所得的地位——现在、过去、将来甚为满意					
	五年前	29	23	20	10	7
	今日	36	29	28	8	8
	五年后	59	41	66	44	19
3	对目前生活感兴趣的程度					
	有兴趣(十分或相当)	88	77	66	74	49
	沉闷	12	23	34	26	51

		北美	西欧	拉丁美洲	非洲	亚洲
4	满意程度：自己国家里的生活					
	甚为满意	36	29	37	18	12
5	满意程度：自己的职业					
	甚为满意	49	40	22	7	7
6	满意程度：生活水平					
	甚为满意	46	35	35	5	8
7	生活水平——提高或降低					
	提高	42	33	34	59	39
	降低	27	24	21	26	37
	无变动	30	40	40	12	21
8	为家中经济情况担心的时间					
	总是在担心或大部分时间如此	25	22	69	69	68
	有时候或几乎从不担心	75	76	29	30	32
9	受经济情况掣肘而不能有衣食及医疗					
	无钱买食物	13	8	40	71	58
	无钱买衣服	18	19	53	81	60
	无钱看病	14	5	40	57	48
10	理想的子女数目					
	零至二	57	63	29	8	31
	三至四	32	30	46	27	52
	五至九	5	2	13	40	14
	十个以上	1	—	4	18	1

		北美	西欧	拉丁美洲	非洲	亚洲
11	移民国外的愿望					
	有	9	14	21	21	9
	无	88	80	75	23	86
12	妇女外出工作的愿望					
	有	28	31	18	12	10
	无	68	62	15	8	15
13	对罪案的恐惧					
	怕夜晚在附近街道走	39	35	7	47	39
	不怕	57	61	42	49	57

① 包括美国及加拿大。

② 包括英国、爱尔兰、法国、联邦德国、意大利、荷兰、比利时及北欧。

③ 指撒哈拉沙漠以南。

④ 包括印度、日本、印度尼西亚、菲律宾、泰国、南朝鲜、新加坡、
马来西亚、斯里兰卡及台湾地区。

以上数字，均根据抽样调查所得，但抽样调查并不绝对正确，只能代表全体人口调查之大致结果。这一次盖洛普调查，各国及地区接受调查的人数由300人至1000人不等，所得结果之误差，大约为±6%。

表二

《读者文摘》读者调查统计 （摘要）

1.阁下的性别是——　　　男□　　　女□
2.阁下的年龄？
3.阁下最高达到什么教育水准？ 　　小学毕业□　　中学毕业□　　大学毕业□
4.阁下是否为家庭中的主要谋生者？ 　是□　　否□
5.阁下从事何种职业？ 　　工商业□　　专业□　　家庭主妇□ 　　公务员□　　学生□　　退休及其他□
6.在阁下的行业中，阁下担任什么职位？
7.阁下及居住在家中的家庭成员，每月未除税的总收入为多少？
8.阁下经常阅读下列何种刊物？ 　　读者文摘□　　妇女杂志□　　消费时代□　　皇冠□ 　　今日世界□　　当代文摘□　　摩登女性□　　电视周刊□
9.阁下读完一期《读者文摘》平均需要多少时间？ 　小时　　　分
10.有多少居住在阁下家中的成员(含阁下)阅读阁下的《读者文摘》？ 　　男　人　　　女　人　　　18岁以下者　人
11.有多少不居住在阁下家中的人经常阅读阁下的《读者文摘》？ 　　男　人　　　女　人　　　18岁以下者　人

12.阁下的家庭中拥有下列何种用品？				
汽车☐	电视机☐	缝衣机☐	脚踏车☐	电影拍摄机☐
冰箱☐	照相机☐	洗衣机☐	冷气机☐	音响器材☐

13.在作购买物品的决定时，通常是由哪位家庭成员做主？		
男家长☐	主妇☐	其他家庭成员☐

14.阁下或阁下的家庭成员拥有下列何种财产？		
银行储蓄户口☐	股票或公债☐	自住房产☐

15.在过去12个月中，阁下或家中的成员，作了几次海外旅行？	
阁下本人　　次	家庭成员　　次

16.阁下希望"我们来逛逛市场"专栏多介绍哪一类物品？			
家庭用品☐	化妆品☐	服饰类☐	饮食类☐

17.为便利统计读者的分布情形，请填写阁下的地址。

表三

《文史知识》征求意见表

《文史知识》创刊六年了。六年来，我们曾两次发送"征求意见表"，广大读者的宝贵意见和热诚期望，曾给我们以巨大的力量。为了把《文史知识》办得更好，更符合您的意愿，为了使《文史知识》成为您工作和学习的好朋友，我们再一次发送"征求意见表"，请您在百忙中将它填好，装入信封(邮资总付)，寄给我们。谢谢大家!

①结合本刊的宗旨，您认为本刊是深(　　)、适中(　　)、浅(　　)。

②本刊现有的栏目您是否满意(满意的用"√"表示，不满意的用"×"表示)：治学之道(　　)、文学史百题(　　)、历史百题(　　)、怎样读(　　)、诗文欣赏(　　)、书画欣赏(　　)、文化史知识(　　)、人物春秋(　　)、文史书目答问(　　)、文史工具书介绍(　　)、文史信箱(　　)、文史古迹(　　)、文史研究动态(　　)、文史信息(　　)、青年园地(　　)、文学人物画廊(　　)、文学流派(　　)、语言知识(　　)、补白(　　)、各类连载(　　)……

③您希望增加哪些栏目?

④本刊1986年登载的文章中，您爱读的文章有哪些?(请写出10篇)

⑤编辑专号是本刊的又一种形式，已经出版过"朝代专号"(包括先秦专号、魏晋南北朝专号、宋代专号、元代专号、明代专号、清代专号、近代专号)、"专题专号"(包括佛教专号、传统文化讨论专号、五周年纪念专号)共10期。今后还将出版各种内容的专号。对这一形式您是：赞成(　　)、不赞成(　　)、无所谓(　　)。

⑥您认为《文史知识》的版式插图安排得怎样?希望怎样改进?

⑦您阅读本刊是：每期都看(　　)、几乎期期看(　　)、备查用(　　)。

⑧您阅读本刊的途径是：订阅(　　)、零购(　　)、借阅(　　)。

⑨您在其他方面的意见或建议：

⑩姓名　　年龄　　文化程度　　职业

十二　要有什么样的编委会

顾问、先生、朋友

　　主编并不万能，要编好一本杂志，他需要人来帮助，需要顾问、需要先生、需要朋友。这兼有顾问、先生、朋友三项职能的组织就是编委会。什么叫顾问？遇到困难去请教他，他总能热情相助。什么叫先生？先生不仅能"传道、授业、解惑"，更重要的是每时每刻注视着学生的事业，及时地提醒你该做什么、该注意什么，以及应该怎样做。什么叫朋友？朋友最重要的内涵就是可以为支持你的事业两肋插刀，能谅解，朋友间可以不拘行迹，无拘无束。

　　我们《文史知识》的编委会在一定程度上是这样一个组织，那些编委是我们的顾问、先生和朋友。《文史知识》所以能受到读者欢迎，我们的编委们有大功。

当今编委会种种

　　在介绍我们的编委会之前，我想先谈谈当今杂志界编委

中 华 书 局

（　　）字第　　号

张习孔同志：

　　《文史知识》第 5 期已经出版，现寄上一册，请您审读，并请您将意见填在下面的空白处在一周内寄给我们。谢谢。

《文史知识》编辑部

1986年　　月　　日

一、本期整体编排如何？请您谈谈您对本期总的印象。

本期内容丰富，既有总论，又有分论，大小文章互相配合，栏目比较全，文章约二十篇（栏目外的文章（只计篇数）），总编排上较为恰当，从选题方面看，政治、经济、学术、文化、民族和信息动态等差不多都有了。我认为这一期的内容是相当丰富的，不同读者都可从中找到自己有兴趣或关心的文章来阅读。编排是成功的。

二、请您具体谈谈本期哪篇文章的选题好，哪篇文章写得好。

本期治学之道，历史名题，文化史知识，漫话先秦时代的衣食住行，文史信箱等的选题都很好。这些选题有的对关于××研究这些情况作简明概括的介绍，有些则着重读者需要了解或了解不深的问题作了说明和介绍（如《八卦的秘密》，漫话先秦时代的衣食住行，为什么说中国有五千年的文明史等）。我认为，《××史研究的现状和展望》，《八卦的"秘密"》，《清代××研究是秦史的丰硕成果》和《《为什么说中国有五千年的文明史》等几篇文章写得好。所在周××一篇章写传上比较生动活泼，读来很生动，很有收获。

北京王府井大街36号　电话 65.6848　电报挂号 6848

编委张习孔寄回来的征求意见表

会之形形色色。同行们闲聊起来，颇多感慨，大家概括起来，有如下几种各具特色的编委会。

　　壮胆编委会：这种编委会的特点是罗列天下最著名的大人物，上自文坛宿儒、巨匠，下到新星、新秀，洋洋洒洒，不足一排人，也有两个班。这么多名人，编辑自己胆壮，也使

中　华　书　局

（　）字第　号

三、请您指出本期编辑中的失误。

未发现什么错误。

四、本期版式、插图是否适当。

本期版式与其余几期无大差别，有的编目在标题周围加些不同花边也显更好些，活泼。

插图都能结合正文加深读者观感基本上是适当的。

五、根据目前学术界的动态，您认为现在应该组织一些什么文章? 请谁写合适?

科技史方面的问题（自然科学史研究所 杜石然）

古代对外关系史话（山东大学历史系 张维华）

佛教史话（北京宗教研究所 任继愈）

此外，关于史学方法论及书评的文章也可以组织一些。

六、您最近打算为本刊写点什么? 有什么推荐的文章?

北京王府井大街 36 号　电话 55.6848　电报挂号 6848

读者胆壮，敢买这本杂志。给自己壮胆，当然也就包含了吓唬别人的味道。但是，这种阵势现在读者见惯了，知道其中的奥妙，也就不"怕"了。一次，与一文坛老将聊天，他说："他们把我的名字也列到编委中去了，其实我根本不知道，是我儿子在书摊上买到这本杂志给我看，我才知道的。"

大官编委会：这种编委会与壮胆编委会不同之点，在于这种编委会的编委多为现任官员，政府部长、副部长有之，人大常委或政协常委有之，某委员会主任、副主任有之。这些官员很忙，不可能给一个刊物的选题、文章出多少具体的主意。但让这些同志任编委的目的并不在于此。俗话说"养兵千日，用在一时"，需要解决什么问题了，如纸张啦、印刷啦、发行啦、资金啦等等，有困难，找到你，你还能不帮忙吗？你是编委啊！还有更深一层的作用，万一某一篇文章出点毛病，这些大人物的战略价值便可发挥出来了，他们说一句话常常可以化险为夷。所以，组成这种编委会意义重大，但"等闲辈主编"是做不到的。

聚餐编委会：当这种编委是一件轻松的事。平常你出个名字，让刊物列到编委名单中去，一年吃两次饭吧，找个大饭店，上半年一次，由主编汇报半年成绩；年底又一次，由主编谈谈明年的打算。饭钱何处来？每月的编委费不发，集中起来使用。编委们半年见一次面，要谈的话是很多的。杯盘狼藉之后，握手道别之时，对主人给大家提供了这样一次聚会的机会充满了感激之情。

还有一种编委会，就是实干编委会。可以毫不吹牛地说，《文史知识》的编委会就是个实干编委会。每个人都把刊物的事当做自己的事，真让人敬佩。那种同甘共苦的岁月，让人怀念。下面我摆摆情况，请读者评判。

编委会需要什么样的人

　　1980 年底，我们开始筹办《文史知识》。那时改革开放才开始不久，报刊杂志还远远不是雨后春笋。当时，介绍中华民族五千年文化成为迫切需要。办这样一个刊物，就需要找这方面的人才，这是我们当时物色编委的一个主要原则。

　　现在我们编委会的各位都是名人了。金开诚先生是北京大学教授、政协常委，田居俭先生是《历史研究》主编、编审，白化文先生是北京大学图书馆系教授，张习孔先生是北京教育学院教授，徐公持先生是《文学遗产》主编、中国社会科学院研究员，臧嵘先生是人民教育出版社编审，瞿林东先生是北京师范大学史学研究所教授。但 1981 年远不是这样。那时，金开诚先生是北京大学中文系教师，田居俭先生还是一般编辑，白化文先生当时尚在北京大学之外任教，徐公持先生是中国社会科学院文学研究所助理研究员，臧嵘先生是一般编辑。年龄也都还在 40 岁上下。

　　我们当时的想法是很实用的。这些同志都是我们的朋友，有的还是我们的老师。大家谈起来热情很高，愿意办好这样一个杂志，愿意为宣传中华民族灿烂的古代文化贡献力量。用一句现成的话来说，叫做志同道合。这恐怕是最主要的。因为志同道合，我们从他们那里得到了支持、理解和鼓励，得到了鞭策和力量。因为志同道合，他们肯为这个刊物花时间、动脑筋、做工作。

编委瞿林东寄回来的征求意见表

其次，他们有水平，有相当深的中国历史、中国古典文学的造诣和功底，有相当高的理论水平和写作水平。

第三，他们在教学科研的第一线，本身就是科研工作者。同时，他们周围有一伙人，有他们的老师，有一大群的学生，做编辑工作的还联系了大批的读者和作者。他们可以帮助

中 华 书 局

（　）字第　号

三、请您指出本期编辑中的失误。

四、本期版式、插图是否适当。

五、根据目前学术界的动态，您认为现在应该组织一些什么文章？请谁写合适？

六、您最近打算为本刊写点什么？有什么推荐的文章？

北京王府井大街36号　电话55.6848　电报挂号6848

1986.5.26

我们组到稿子，可以为我们提供学术研究和作者写作的信息。

我们的刊物是给青年学生、从事文化工作的同志阅读的，这些编委来自科研、学校、出版社和杂志社，这就使我们的工作得以左右逢源。要稿子，在学校、科研部门工作的同志可以顺手拈来；要动态，要选题，在出版社、杂志社工

中 华 书 局

（　）字第　号

白化文 同志：

《文史知识》第二期已经出版，现寄上一册，请您审读，并请您将意见填在下面的空白处在一周内寄给我们。谢谢。

《文史知识》编辑部

1986年2月　日

杨主任：

一、本期整体编排如何？请您谈谈您对本期总的印象。

总的甚好。本期名家佳作颇多，因此，有如大会演，同台的演员，那怕是配角，差一点就显得很显眼。如《刘铭传》一文，放在二流杂志中也算可以的，但在本期就扎眼得很，显得风格嫩而有傻气（非学者之大字报一面倒气息），太粗糙。如前云刘卒年为1895（104页），后文又云1896（103页）。

（转下）

二、请您具体谈谈本期哪篇文章的选题好，哪篇文章写得好。

施蛰存、袁行霈的文章写得既内行又规矩，也就是说，所讲的并无十分高深的独到见解，但综合一处，有如太极拳名手献技，招式到家。过去朱佩弦先生的《经典常谈》是这类文章的典范之作，盼望本刊的多组织此类文章。

北京王府井大街36号　电话55.6848　电报挂号6848

编委白化文寄回来的征求意见表

作的同志了如指掌；要研究刊物的方针大政，倾向趋势，这些编委多有宏观高论。他们给刊物带来了朝气，带来了脚踏实地努力奋斗的风格。我们和这些编委共事七八年了，他们主要在以下几方面作出奉献：

①为刊物提供思想宣传、文化动态和信息，介绍学术研

● *140*

中华书局

（　）字第　号

三、请您指出本期编辑中的失误。

〔接上页〕又，孙拔可解死于马江海战，故淡水之役不由孙拔指挥，还值得研究。106页倒2行似乎将"孙拔"搞成"致黄"之类混词语。108页末一行，"1861"系"1891"之误。

四、本期版式、插图是否适当。

76页倒三行，"即前"应为"院前"。

倒一行，"通普"应为"普通"。

40页《道藏提要》首行"俄而殁于期逊"，后一"殁"字；下文"葡毛非志"。

五、根据目前学术界的动态，您认为现在应该组织一些什么文章？请谁写合适？

60页，《好好先生条》，出处作《世说新语》，原为刘注引《司马徽别传》，应加"注"字。

六、您最近打算为本刊写点什么？有什么推荐的文章？

白化文
1987.02.21.

北京王府井大街36号　电话55.6848　电报挂号6848

究状况；

②为刊物方向、倾向等重大问题作决策咨询；

③帮助刊物对重要文章、重要作者进行组稿；

④帮助编辑对重点的、专业性强的文章审稿；

⑤评点每一期刊物，反映读者意见。

领导权在谁手里

　　编委们都是知名人物，在各个方面都有高深造诣，有几位本身就是全国知名大刊的主编，那么，编委会的领导权在谁手里呢？对这个问题，应该毫不含糊地说，在主编手里。但，这个主编不是挂名的，不是在众多大人物之上推出的最大人物，而是真正主持编辑部日常业务的。还要讲明白的是，我这里所说的领导权，不在于开会谁召集、谁主持、谁安排，关键是对重大问题谁拍板，最后的决心谁来下。甚至还可以这样说，谁来决定召开编委会以及编委会应该集中讨论什么问题。

著名古典文学专家余冠英回答读者问题的信

编委们都有自己的一摊工作，平时为自己那一摊工作殚精竭虑，他们固然为刊物操心，但他们不可能系统地考虑刊物问题。他们对刊物的具体情况也很难全面了解，甚至于有这种可能，编委们在编委会上提出一个建议，听起来很好，但根本不适合刊物的情况。所以说，拍板权要掌握在刊物的专职主编手里。

主编要起到领导作用，要想集思广益，一定要准备好每一次编委会。讨论什么问题要考虑好，对所讨论的问题有什么基本意见，也要准备好，可以这样说：在开编委会之前，对会上要研究的问题已基本成竹在胸了，要编委们做的，主要是修正、充实、完善。当然，不排除准备好的主意被编委们推翻，尽管如此，仍要把方案准备好。我们也有没有主意、请编委来出主意的时候，但那是万不得已的办法。

要尊重编委，不仅在口头上，而是诚心诚意地向他们请

文稿寄出后，周振甫先生又发现问题，请编辑代为补改。

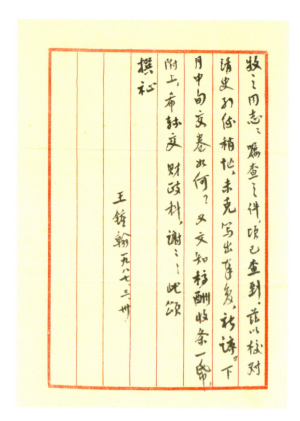

牧之同志：嘱查之件，顷已查到，兹以校对清史到你稿处未克写出手复，抱谦。下月中旬交卷，此何？又文知稿酬收条一纸，附上，希转交财政科，谢谢。此颂

撰祉

王钟翰 一九八七三卅

清史专家、中央民族学院教授王锺翰复编辑部的信

教，征求他们的意见。与此同时，我们一定要注意编委们的"特权意识"。编委们各有各的工作，但他们一旦担任编委，特别是相处长了以后，自然而然会产生一种主人意识。认为自己有权利知道刊物的发展动向和当前的编辑方针。对有关刊物的各种信息都十分关切。这是我们特别希望的。我们一定要注意尊重编委的这种意识，把他们当做"自家人"，刊物有什么动态，取得什么新进展，一定首先让他们知道，在心理上满足他们的"特权意识"。这样，他们就会和刊物、和编辑们祸福与共，就会积极出谋划策了。

对编委们的劳动应该给与一定的报酬。他们当然不计较给不给、给多少报酬，但给一些报酬，一来表示我们的一点

心意，对他们为刊物奔忙表示感谢；另一方面，他们拿了报酬，尽管少，也会增加一种责任感。

经过编辑部同志和编委们共同努力，刊物越办越红火，大家的劲头也越来越足。每次开编委会，编委们都很踊跃。他们说，吃饭不过是个由头，大家一起聊聊，谈谈刊物的得失，交流一下信息，真产生了一种感情，刊物跟自己办的一样。金开诚、白化文二位先生住在北大蔚秀园，而开会地点常在东四魏家胡同，他们总是6点多从北大出发，乘公共汽车赶来，真让人感动。

但是，随着时间的推移，我们的编委渐渐成为"名人"。他们担负越来越多的工作，问题便随之产生。我们为他们的成就而由衷地高兴，但是，成了"名人"，如何"领导"？也就是说如何继续发挥编委的作用？编委们成了"名人"，对刊物有好处，因为可以在更大的范围内扩大刊物的影响，得到更多的信息，但再让他们发挥原来定义上的编委作用，就有困难了。我们的办法也随之改变：1. 我们改变过去请他们来开会的办法，主动、经常地派人上门去请教，有时去征询意见，有时送去请他们审读的稿件，有时请他们约什么人写稿子，也就是上门"布置任务"。2. 在寄送每一期刊物的时候，我们在其中夹上打印好的征求意见信，列出问题，编委们不必费心写一封完整的信，只要逐项回答填写就可以了。这些问题是：①您读完本期后总体感觉如何？②您认为哪篇文章好，哪篇不够好，为什么？③您认为版式设计、插图安排怎样？④您最近有什么写作计划，打算给本刊写什么稿子，推荐什么稿子？⑤您认为当前写什么题目好，谁写合适？这样一个表格有两个作用：一是简便好填，可以省去编委写信的麻烦；第二，这也算一种督促，寄去了这份表格，希望编委按时填好寄回来。

谁做事谁负责，谁负责谁"出名"

"壮胆编委会"、"大官编委会"、"聚餐编委会"都是我们所不取的。我们的主张是：谁做事谁负责，谁负责谁"出名"。"出名"正是为了负责，出名和负责正是为了把事情干好。设想一下，那些"壮胆编委会"、"大官编委会"的委员们，他们会负责吗？人家根本没有做事，凭什么要人家负责？真正出了事情，责任还得找到真正干事的人头上。这能让干事的人服气吗？"名"你去出，责却要我来负，这种"分工"是不合理的，不能调动干事人的积极性。

我们的编辑部分两个组，一个组编三期，然后轮换。组长具体组织选题的落实、稿件的加工，事前还要提出三期的选题草案，实际上在做每期的主编工作。两个组的组长都很年轻，能不能做编委？根据谁做事谁负责、谁负责谁"出名"的原则，我们力主让他们做编委。此事实现还很不易。中华书局毕竟是一个老牌出版社，讲的是德高望重资历深；《文史知识》虽然是个小刊物，但它在学术界的知名度不见得比学术性的大刊物小，一个二十几岁的小编辑能当编委吗？这种话嘴上是没有人说的，但实行起来却处处感觉到这种观念的存在。经过努力，中华书局领导支持了我们的意见，两位年轻的组长进了编委会。此举影响很大，一来调动了组长的积极性，他们的聪明才智进一步得到发挥，二来也鼓励了其他青年同志，只要努力干，人才是不会被埋没的。

还有一点要谈的，编委会也要"吐故纳新"，不断调整。经过一个时期后，有的编委工作实在太忙，没有精力为刊物操心了，他们为不能尽力而感到有压力，这时编委会就应该调整一下。有的编委个人的事情太多，有许多写作任务，又渐渐远离刊物的读者群，他们已经不能发挥编委的作用，甚至一个季度或半年开一次会也来不了，这样的编委也可以调整一下。这样的调整，一来可以卸掉他们身上的包袱，二来可以补入有精力、有时间、热情高的同志。"吐故纳新"，增加新鲜血液，不但可以提高整个机体的效率，也可以使编委们胜任愉快。

中华书局编辑部：

对这篇稿子，我作了些修改，现寄去，请指正。右边几个签名我觉得都不满意，涂了两个，请选一个吧。

董纯才 谨

请样请寄我一套。

董纯才 董纯才
董纯才 纯才
董纯才
董纯才
董纯才

创办《文史知识》这样一个
年学生学好语文，学好历史，光
的好的课外读物。

为什么说很有意义呢？我先
要做具体的分析。重理是对的，
纠正轻文的现象，轻文是错误的
具，交际的工具，也是学习的工
都离不开语文。我这话是不是过
你是一个体力劳动者，也得会写
也看不懂，更谈不上正确解题了
没有过关，没有超过十七年的才
定要突破这一关。《文史知识》
的作用。

能看一般书报

甚至

个人认为

从政治思想教育方面来看，
意义上讲，甚至于比政治课作用
者，感染力更强，对学生的世界
是青年学生，记忆力好，教给他
经》，那里面的一些话，象"副
以及用三个字一句韵文写的中国

上青争弄

共产党

中华人民共和国教育部

中华书局编辑部：

　　前次寄回给你们的稿件中有"现代化的、最民主的、最文明的社会主义国家"一句话欠妥，应改为"现代化的、高度民主的、高度文明的社会主义国家"。

　　清样出来后，望给我寄来两份。

此致

敬礼

董纯才 谨

1980年11月5日

董纯才来信请编辑部
在稿件中再做修改

约1800字

，学 好 历 史

很有意义，也是迫切需要。要想使青

本教科书是不行的，还需要多种多样

会上重理轻文的现象谈起。重理轻文

化不重视理工科教育怎么行呢？但要

先说语文，语文是工具，是工作的工

三百六十行，工农兵学商，无论是谁，

我看一点也不过分。任何人，即便

用文吧？中学生不学好语文，数理化

我们现在的中小学语文教育，教材还

语文教材是教育研究的重点任务，一

如果办得好，可以在这方面起到很大

育

的作用并不一定次于政治课。从某种

因为语文课是通过文学形式教育读

道德品质起着潜移默化的作用。特别

些东西长期不忘。我小时念过《三字

能让梨"、"苏老泉，二十七"，

封建王朝的次序等等，到现在还记得，

[红色手写修改字迹:]
高标的 高度
我们要建立的是
不仅为一个现代化的，最民主、最文明的国家的社会主义强国。作为这样一国家的公民，
阅读
生 教科书和课外读物，就会遇到困难
之一
和教法 妥
当前 科学
作品，通过这种作品
其中有很多
补

著名教育家董纯才（时任教育部副部长）
在编辑部为他整理的记录稿上做的修改。
老一代严谨谦虚的治学精神跃然纸上。

可见影响之大。当然，那里面讲
的。所以我们应该齐心合力搞好
本功。古文的学习应该重视。不
学哲学的怎么看孔孟子的书？学
章。比如《古文观止》中的文章

和学教育的

精练、生动。《桃花源记》，它
但文章写得很漂亮，应该学习
古文。象韩愈的《师说》，范仲
都是可以背诵的好文章。我们现

很多
有些古文，都写
很短，又很精彩。例如

毛主席讲过，写文章要准确、鲜
努力，帮助青年学生学好语文。
《文史知识》可以搞"文章病院
写作能力。一定会受到青年朋友

泽东同志

再讲讲历史。作为一个社会
文化、有健康体魄的劳动者，不
们国家建成一个现代化的、最
家的公民。连历史知识都不知
家历史什么样，一无所知，还算
什么，学什么，不考什么，不
也是危险的。学理科的也要学历

圈？

阅读能力
提高了只有
利于提高
写作能力。

于素养必有
个方法问
题。对？
为何读写
也可以有些
指导，以提
高读者的
阅读能力。
这样做

科学知识教育

还做生理卫生健康起居饮食
教育方针？

点是不正确的，可是知识还是很有用

教育，帮助青少年打好基础，练好基

文，学理科的怎么看《天工开物》？

怎么看古代医书呢？古代有很多好文

以选一点，讲一讲。古人的文章写得

达的思想有问题，可以分析、批判，

我主张中学生要能背诵若干篇好的

《岳阳楼记》，请葛亮的《出师表》，

文章，很长，但并没有把问题讲清楚。

生动，这很重要。我们应该从各方面

了几十年的文章了，现在还写不好。

"青年园地"，培养和帮助青年提高

迎。

公民，作为一个有社会主义觉悟、有

史怎么行呢？邓小平同志说，要把我

最文明的社会主义强国，这样一个国

自己的祖国过去什么样，世界其它国

"文明"呢？现在一些青年，高考考

大学考试成了指挥棒，这是不对的，

一个工程技术人员，一个工人，连自

这不能责怪青年，而图死于贯彻执行党的教育方针方面存在着问题。问题出在下面，根子还在上面教育行政领导机关。

[手写批注，红色：]
有哪些
死记方法
坚实的
古代著名文章
有很多
(得) 感到
通 写文章并不是轻而易举的，若不着功夫，束无重就轻。勤学苦练。
(回) 发的
对祖国的历史都不知道或不很清楚，那怎能培养爱国主义和民族自尊心呢。

己祖国历史上有几个朝代都不知

太平天国 → 戊戌变法、辛亥革命、五四运动

恐怕连报纸上有些文章也会看不

体化，就可以打下辩证唯物主义

（为什么） 介绍历史知识要讲究方法，要通

理论，要寓论于史，有点故事惟

书局曾经出版过《东周列国故事

为什么会受欢迎呢？就是因为这

读者容易接受。

学生需要大量的课外阅读材

得来的。三十年代我受"左联"

（我） 后来很崇拜陶行知先生，后来我

要的因素。我很喜欢中国古典文

古战场文》、《桃花源记》甚至

我很大帮助。现在《文史知识》

些工作，很有意义。我热烈地欢

成为青年学生、中学教师的朋友，

● *152*

怎么行呢？特别是近现代史，更重要。

知道，不但毛选中有些文章会看不懂，~~再学~~

学好中外历史，就能把社会发展史~~、就比较容易理解。~~

史唯物主义观点的初步基础。另外，~~打下~~

史事件、历史人物去介绍，不能光讲

则青年学生不受看，也看不懂。中华

》、《两汉故事新编》，很受欢迎。

帝是通过历史人物和历史事件去写了，

我自己的很多知识都是从课外阅读中

响很大，那时我看了不少外国文学~~色彩革命进步的的作品~~

干革命，文艺作品的影响是一个重~~革命的~~

入前，《出师表》、《赤壁赋》、《吊

梦》中的诗词，我都背得下来，给

古典文学、历史两方面给青年学生作

文史知识》的创刊，我说《文史知识》

~~跟着党~~

十三　刊物的形象

刊物要有良好的形象

　　一个人有他的形象，一本刊物也有形象。一个人在别人眼中的形象如何，关系到一个人的办事效率、信誉，甚至于前途。刊物也是如此。一本刊物有了美好的形象，能招来更多的好稿子，能团结更多的作者，能提高编辑部的声望，能吸引更多的订户。

　　形象如何，看起来似乎是主观的东西，是一个人主观的印象，实际上是客观的，是一个人社会行为产生的效果。北欧航空公司一个部门的经理在说明什么是公共关系时打了一个比喻，说一名青年男子去追求一位小姐，如果他只是对小姐大献殷勤，一个劲地诉说自己如何崇拜她，如何喜欢她，这不是公共关系，这只是"推销"；如果他把精力用在修饰自己的外部仪表和风度方面，在小姐面前举止谈吐都很讲究，以吸引小姐的注意，这也不是公共关系，而是"广告"；如果这位男子既不用"推销"，也不用"广告"，而是制定计划、埋头苦干、力争上游、做出成绩，获得周围人们的赞赏，并通过众人之口将这种好评有意无意地传到小姐的耳朵里，使那位小姐对他自动地产生爱慕之心，这才算是公共关系。这个比喻确切与否不去谈它，但他把美好的形象不是只靠个人的表白来获得，而是要靠实在的美的行为来得到的道理，说得那样生动、形象，确实发人深思。

一个刊物的形象如何，文章的质量，了解并满足读者要求的水平，在任何情况下都是刊物形象最主要的基础。但是，随着文化事业的发展，刊物数量不断扩大，同类刊物不断增多，刊物质量不断提高，在这种情况下，一本刊物的良好形象就绝不仅仅取决于文章的质量了。美国一家评论杂志，曾就企业形象的内容问题征询过162家公司总经理的意见。这些总经理认为，企业的形象不仅仅依靠上乘的产品和公道的价格，还要加上其他表现，如正直、友善、活力、想象力、进取心等等。也就是说，质量和价格相仿的两种产品，在竞争时，其他一些条件好的就占上风。一本刊物也是这样。一本刊物，除了它要努力提高文章质量，尽力满足广大读者的求知欲望之外，还要注意在其他方面塑造自己的良好形象。

比如，你的刊物上的文章史料一定有根据，引文一定有出处，字句一定校对无误，一旦发现失误，一定立即更正，时间长了，读者定会认为你的刊物严谨。

如果为你的刊物撰写文章的作者都是专家，他们对所撰写的问题确实有研究，写出的文章的确是"名人写名文"，读者就会认为给你的刊物撰写稿件的作者有水平，可信。

你定期征询读者意见，并且把这些意见刊登出来，说明哪个意见要采纳，据以改进刊物；哪个意见不能采纳，是什

國文天地文史知識

四月雜誌內容相同

【記者高玉玲／臺北報導】親以來，海峽兩岸的學術交流動作頻仍，但四十年來海峽兩岸雜誌業的合作計劃卻始自臺灣的「國文天地」和大陸的「文史知識」，這二本雜誌在經過雙方編輯協商，交換資料文件編輯付梓後，將在四月份號首度以同樣內容同步發行，屆時二岸讀者將可分別在兩地，閱讀這本內容毫無二致的合作成品。

臺灣的「國文天地」及大陸的「文史知識」同樣是以探討中華民族、文化、古蹟、歷史、禮俗等為主的雜誌，這次特地以共同議題「臺灣專號」為主題，邀請二類學者提出其研究的論文，精彩內容包括海峽兩岸如何評價鄭成功、臺灣書院的發展、臺灣著作，據悉大陸在這方面的研究有新的發現。

文萍表示，大陸「文史知識」讀者群；而大陸對臺灣的研究著眼點亦不同於臺灣，因此二岸的合作絕對有其互為補助作用存在。

連主編並指出，大陸對臺灣民族性的研究難無法採取田野調查，但透過對高山族等少數民族有專研學者的探討，及加強語文研習來瞭解的方式，呈現出的研究成果也相當完整。

除了雜誌的合作外，國文天地和大陸出版文史知識的中華書局另有出書合作計畫，屆時可獨立簽下版權或轉載文章，另外，十二月號的國文天地將和文史天地再度合作，共同以專欄探討胡適的生平及

早年流傳的童謠、臺灣歌仔戲、俚諺、臺灣漢族及土著的神話故事……等，四月號一九五期的國文天地都將逐一探討。

據國文天地主編連

《文史知识》与台湾地区的《国文天地》同时出版"台湾专号"，这是台湾《新生报》（1990年3月8日第21版）的报道。

么原因。久而久之读者会觉得他与编者离得很近，你的刊物也是他的刊物，很亲切。

感到你这本刊物严谨、可信、亲切，这就是形象，是你所办的刊物在读者头脑中的良好形象。这个形象不是靠一天两天可以形成的，而是要付出艰苦的劳动，做出巨大的努力才能得到。

《人民日报》（海外版）1990年4月21日
关于两岸同出"台湾专号"的报道

两岸雜誌攜手合作 同時出「台灣專號」

本報訊 北京中華書局《文史知識》雜誌與台灣台北《國文天地》雜誌共同編輯、介紹台灣文史的"台灣專號"，本月同步刊行。這是兩岸雜誌界四十年來首度合作。

在這期"台灣專號"裏，可以窺見台灣遠古文明的概貌，追尋土著居民與大陸移民共同開發台灣的足迹，仰慕祖先抗擊侵略的業績，還可以從語言文字、文學藝術、宗教民俗等各個角度瞭解台灣的歷史脚步與精神內涵。專號還提供了海峽兩岸關於古代台灣研究的最新訊息。

專號的稿件由兩岸專家學者執筆撰寫，文章內容、風格、角度各具特色。

與《文史知識》進行合作的《國文天地》雜誌，創刊於一九八五年，以"發揚中國文化，普及文史知識，輔助國文教學"爲宗旨，是由一群立志於弘揚中華民族文化的學者自費集資主辦的。從一九八八年，該雜誌就與北京中華書局的《文史知識》進行合作交流，大陸的"文史知識文庫"十二種已由該雜誌全部在台北出版。　　　　（胡友鳴）

塑造刊物形象的几种做法

怎样塑造刊物的形象呢？从实践来看，塑造刊物形象并没有固定的模式。刊物的主编和所有编辑人员必须具有高度的事业心和责任感，要千方百计、绞尽脑汁，利用一切机会，可以说要"无孔不入"。与此同时，编辑部必须有耐心、有毅力，不要以为做了一次努力就能够立竿见影，这种工作是累积式的，到了一定程度，量的积累才会发生质的飞跃。日本

人 民 日 报

谁也不会想到，十年"文化大革命"的恶果之一，竟是大革了文化的命。无论是老年、中年还是青年，也无论是学者、粗具知识者还是文盲，清醒过来之后的一大突出感觉，就是知识饥渴。于是乎，各种形式的学习活动遍地开花，各种类型的书刊报章破土而出，一个赏心悦目的求知热潮，正在祖国大地上排山倒海行进。

当年宋太宗赵炅说道："开卷有益"。英国哲学家弗兰西斯·培根也说过："知识就是力量"。这些格言，只要不是不加分析地理解和运用，对于我们的成长，从而对于我们的事业，都有好处。所谓分析，在这里首先就是要看开的什么"卷"，或者说要看吸收的是什么"知识"；它们的"益"处和"力量"，并非是一成不变的，往往因人因事因时因地而异。

以近三四年国内出版的知识性读物而论，在那浩如河汉的卷帙里，就既有旨在引人入胜的各学科的普及性著述和报刊，也有辅导业余生活的日用常识性书刊和文章，以及足以增广见识的奇闻轶事、风土人情的记述和发掘。这些都是知识，都值得为之开卷，也都可以化为力量。这是无庸置疑的。但是，从每一个人来说，无限的知识和有限的生命，有个矛盾问题。从社会全局来说，各类知识在出版物中，有个轻重缓急和合理比例问题，对于读者特别是青年读者，还有个正确引导的问题。因而，如果把出版计划交给价值规律来领导，让财神爷压倒文昌君；或者漫无边际地开卷，盲无目标地求知，

祝 《文 史

帮酒神赶走智慧神，那末在社会在个人，都会无益、乃至有害了。

我没有做过社会调查。根据零碎的观察，觉得，比较而言，目前，辅导业余生活的读物，所占例似乎大了一点，销售数量也多了一些，一旦人们真把八小时以外的精力都消耗在这一方面，并非长久之计。增广见识的读物，新奇有趣，作为谈资，极易吸引青年注意，在内容、品种、数量方面，都以保持在一定范围为宜。值得我们气力去扶持以引发人们兴趣的，应该是各学科普及性读物。因为它是通向科学之宫的阶梯，是探索宇宙和社会奥秘的钥匙，是培养青年成才的津梁，还是提高全民族文化素养的利器。可惜，在现有的出版物中，这一品类偏偏太少太少了。其中文史性的普及读物，由于种种原因，尤其为少。以至于，使人产生它同我们祖国的明天、今天和昨天都不相称之感。

中华书局今年开始出版的《文史知识》，以丰富的栏目和鲜明的性格，弥补了一下这个不足，知识读物界迸射出一道霞光，使我们为之一振

丰田"推销大王"椎名保久，为了让大家都知道他，特制了一种火柴。每根火柴上面都印了自己的名字和公司的电话号码。一盒火柴20根，每点一次烟，他的名字和公司的电话号码就出现一次。假如散出去20盒火柴，就等于在人们面前重复400次他的名字和公司的电话号码。他说，一般吸烟者多是在动脑筋和困惑时才点烟的，这时，多习惯于凝视火柴来思考。这就很自然地引起吸烟者的注意，留下深深的印象。椎名正是这样绞尽脑汁地开展推销活动，所以获得了很大的成功。在竞争激烈的情况下，一个企业家，要特别重视宣传自己的产

历史学家庞朴祝贺《文史知识》创刊的文章,发表在1981年4月30日《人民日报》。

1981年4月30日　星期四　第五版

识》创刊

物，设有"治学之道"、"文学史百题"、"历史百题"、"诗文欣赏"、"文史工具书介绍"、"文史书刊"、"青年园地"、"文章评改"等十七八个专题，为文史师生和文史爱好者开拓了广阔园地。从本期内容和二三期预告来看，它称得上是一本名实的文史知识。在"治学之道"这栏里，继著名史学专家夏承焘教授于创刊号上"笨"字谈起，语重心长地传授了毕生心血结晶之后，二三期上我们将读到著名文学家朱东润教授和著名史学家郑××教授介绍自己的成功之道。这样的经验之谈，对我们每一个有志于成材的青年来说，当然是不可多得的篇章。"文学史百题"专栏在前三期中有计划地安排了有关唐诗、汉赋和元曲的题目，读者从中获得各该专题的知识外，一定也会感到它的匠心。"历史百题"看来和上一栏同等重要，二者必将交相争辉，共同组成这本刊物的核心。我们伟大祖国的灿烂文明和悠久历史，的确需百成百的专题来仔细描绘，方能勉强勾出它的于万一，并唤起我们的民族自豪感与自信心。这一点，我们今天又一次深感大有强调之必要。编者于此两栏之外，特立"中国名著在国外"一栏，前三期上陆续追述了白居易诗歌、《水浒》和《大唐西域记》在东西两洋的盛况，大概也是有见于此的了。

对于"青年园地"栏目的开辟，我举双手赞成。韩愈说过:"千里马常有，而伯乐不常有。"这种现象，岂独唐朝为然。《文史知识》编者在创立"青年园地"的按语中说:"我们相信，长江后浪推前浪，一代新人胜旧人"，这两句话，是自然和历史的规律，也正是伯乐所以不常有的根由。因为一般情况下，伯乐总是"前浪"，是"旧人"，他处在被推被胜的位置上，如果不是出以公心，便很难发现健足奔来的千里之马，而拱手让出"九斤老太"的宝座。首期"青年园地"发表的北京大学学生朱则杰向姚雪垠教授献疑的文章，应该说，确是一篇很好的作品。如果我们不以求全责备的眼光去读，定会雀跃三尺，鼓掌欢迎的。预告中的第三期该栏作者王兰仲，大概也是一位学生或知识青年吧，他的文章叫做《说春秋时期的君和民》，这是一个很大而很有意思的题目。敢于选定这样的题目，本身就已反映出了一股闯劲。我们衷心企待，一代文史新花，定将从这块园地里吐出沁人的芬芳，把使人心烦的后继无人的叹息，变换成令人振奋的后生可畏的赞赏。

热烈祝贺《文史知识》的诞生，祝愿它同祖国的文史大军一道成长，并在其中发出它的热和光。

品。只有让社会知道你的价值，你才会获得社会的承认。

下面，结合《文史知识》的实践，谈谈塑造刊物形象的几种做法。

1. 广告性活动

广告性活动实际上就是用编辑部自己的话向外界表白。这种形式不能不利用，因为它是介绍自己的最简便的方法，只要拿出广告费，就可以通过各种宣传媒介，把你要说的话介绍出去。几年前，一般人还买不起大件电器，"日立电视机"、"东芝电冰箱"、"松下录像机"天天在中央电视台做广告，而且总是用最好的时间。当时很多人不明白，一般人见也见不到，买也买不起的东西，为什么日方那么舍得花钱、不断宣传？后来，有条件买电冰箱了，很多人首先想到的是"东芝啊东芝，大家的东芝"，这才恍然大悟，企业家并没有白花广告费。天天讲，月月讲，这些东西就可以深入人心，一旦有条件购买时，人们就会首先想到它，这就叫做树立了形象。一本刊物也是如此，也要利用广告树立自己的形象，让人们没见到刊物但已经知道有这个"据说是很不错"的刊物存在。但是，不要说空话，那些"领导某某新潮流"、"国内首创"、"誉满全球"之类的不切实际的话已经成为笑料。广告要做得具体、实在，要抓住你的刊物最突出的特点，不断地讲，反复地讲，以求得到深入人心的效果。《文史知识》做过不少花钱的广告，主要结合自身的特点，抓住读者学习知识的迫切心理，抓住他们要求得到准确、系统知识的愿望来作广告。前一阶段《文史知识》主要有两个口号，一个是《文史知识》是一本"带有文史知识辞典性质的刊物"，"长

普及文史知识与建设精神文明

——推荐《文史知识》杂志

黎澍

《文史知识》是近年来办得很出色的一本杂志。可以毫不夸张地说,这个杂志内容丰富,体裁多样,格调清新,文字通俗,引人入胜。给寻求知识和学习门径的人提供了非常周到的辅导,也可以说是一种殷勤的服务。办这样一个杂志很不容易。这得要求编者付出辛勤的劳动,经常了解作者的情况和读者的需要。我们现在出版的文史杂志,数量已不为少,有学术性的,有辅导学习的,有报道动态的,等等。象《文史知识》这样一种能造福广大读者的雅俗共赏的杂志,至今还不曾有过。这是一个很有意义的创造。坚持办下去,一定可以对建设社会主义精神文明发挥积极的作用,.是值得向爱好知识的人们推荐的。

文史分类并称,始于司马迁《报任安书》的所谓"文史星历"。后人并未进一步按内容把知识加以分类,又要著手于开拓史、子、集。这是一座庞大而杂乱的宝库,里面有精华,有糟粕。现在我们所谓的文史知识,是关于中国文化遗产的知识,也要心开这座宝库找出一点门径,提供一些方法和工具。

我们对待古代文化遗产的方针,向来是取其精华,去其糟粕。但是精华和糟粕往往不是径渭分明,精华中有糟粕,糟粕中有精华。只能在唯物主义历史观指导下加以扬弃,也就是批判地继承这份遗产。建设社会主义精神文明,既要善于打破传统,又要善于利用传统。不打破传统,就会为传统所束缚,乃至沿袭封建主义的思想观点而不自觉。不善于利用传统,那就不会有民族特点,也不会为广大人民群众所接受所习惯,真正在社会上立下根基。十年动乱中所谓破四旧,企图与旧传统一刀两断,连根拔掉,结果适得其反。在林彪、江青反革命集团别有用心地煽惑和煽动之下,当时破的实际上是眼睛看得见的文物古迹乃至古籍字画,而这些恰好是需要保护的国宝,至于思想上的四旧不但没有破除,反而得到了恶性的发展。这是一个极其深刻的教训,永远要引以为戒,再不可以蹈这种覆辙了。

人们往往习惯于把新和旧看作是完全对立的。新知是新出于旧,文史也不例外。旧是前人的创造。不以前人的创造为基础,难以出新。不从旧中出新,总是使人感觉少了一点什么,这就是缺乏根底,或者根底不厚。毛泽东同志《在延安文艺座谈会上的讲话》对这个问题发表过非常精辟的意见。他说:"我们必须继承一切优秀的文学艺术遗产,批判地吸收其中一切有益的东西,作为我们从此时此地的人民生活中的文学艺术原料创造作品时候的借鉴。有这个借鉴和没有这个借鉴是不同的,这里有文野之分,粗细之分,高低之分,快慢之分。所以我们决不可拒绝继承和借鉴古人和外国人,那怕是封建阶级和资产阶级的东西。"浩叹之余,人们感受更深了。文学艺术是这样,历史也是这样。中国是世界历史悠久的国家之一,而保存的历史记载是最完备的,也是无可代替的。传统的历史观点不足取,但是传统的历史体裁如果加以改造,会有它的长处,可补西方历史体裁之不足。前人的历史方法和思想也不是全无可取的。我们借鉴这些,创造具有中国特点的历史观和风格,不是一种很有意义的发展吗!当然,今人究竟要从前人接受一些什么遗产,总是要以今人具体需要来考虑,但是不能离开对古人的借鉴是可以肯定的。

我党领导的伟大社会主义事业正走上全面发展的重要阶段。十二大提出了在建设高度物质文明的同时一定要建设高度的社会主义精神文明。在这样的时候,中华书局的同志们创办《文史知识》杂志,可谓用意至善,正合需要。希望大家都来支持,同心协力把这个杂志办好。

《文史知识》出版一年又十个月,已经出版16期,深受读者欢迎。我本人也是这个杂志的一个经常的读者,对编辑同志的苦心经营非常感动。我以为这个杂志至少有如下一些特点是值得称道的。

第一是文章精练。长的不过三五千字,短的才百数十字。语言通俗流畅,一篇在手,不终篇不肯放下。终篇费时间亦不过几分钟。厌读长文的人从这个杂志可以得到满足。

第二是内容多样,新颖可读。例如《文学文史百题》介绍历代文学风貌、流派和许多名家诗文著作,既可增长知识,又可陶冶性格。《历史百题》介绍的重要历史人物,重大历史事件,读来使人感到激励,而且增长智慧。其他如《文史书目答问地》、《文史工具书介绍》、《文化史知识》、《诗文欣赏》、《名篇今译》、《人物春秋》、《成语典故》等等,也都以其内容丰富、形式活泼而引起人们的兴趣。此外还有两点要特别介绍一下:一是这个杂志设有《青年园地》一栏,青年朋友们可以利用它来抒发他们的兴趣或提意见;二是常在封二封三刊登古典名画,并配有生动、流畅、易懂的说明文章,给读者以古代绘画艺术的初步知识。

第三,知识性和趣味性二者兼备。《文史知识》主要目的在普及文史知识,知识性自然应是第一特色。从许多栏目的设置看来,编者很用了一番心思,大约凡是经常阅读这个杂志的青年,可望将来能对我国文学史的若干侧面略窥门径。这种指点对自学青年尤为有益,对在学青年也可算得是一种非常适宜的课外读物。任何知识只要有趣味,都较易为人所接受。《文史知识》杂志的编者和作者们显然都是富有教学经验的老师,所以很善于选择有趣味的题目。例如《赤壁之战中曹操究竟有多少兵马?》(见1982年第4期)。《三国演义》流传甚广,并且是许多剧种的重要剧目所从取材的著作。赤壁之战是脍炙人口的历史故事,虽然可谓妇孺皆知,但有些情节与历史记载有出入。立此一题,引人兴味,略加考证,即可给人以比较可靠的历史知识,效果自然要比教科书好。此外《补白》一栏,有不少有趣味的小品,让人爱读。编者在地头地角,穿插东西,用心可谓良苦。

第四,这个杂志的许多内容,总起来可说具有文史知识辞典的性质,还有一些内容是一般辞书中不易查到的。所以,对某些专业文史工作者,这个杂志也是值得一读的。

以上仅就随想所及,略为介绍。其实,这个杂志的长处不止这些,可是做到这一步,已经大非易事了。

文史知识是中国人的常识。中国人缺少中国文史知识,不是一件体面的事。而且学习历史,本身就是进行爱国主义教育。现在有了《文史知识》杂志,我愿它能很快推广,补充这方面的缺欠,为我国社会主义精神文明的建设作出贡献。

历史学家黎澍推荐《文史知识》的文章,
发表在 1982 年 11 月 5 日《人民日报》。

普及文史知识　进行爱国主义教育

——首都部分文史专家座谈纪要

不久以前，中华书局《文史知识》编辑部以"普及文史知识，进行爱国主义教育，建设社会主义精神文明"为题，邀请首都文史界著名专家、学者50余人举行了一次座谈会。会上，同志们各抒己见，讨论得十分热烈。现摘要介绍如下：

一、当前最重要的问题之一是教育问题

到会的同志一致认为："文化大革命"十年动乱，给我们的国家，我们的民族，尤其是我们的青年一代，造成了很大的后遗症，当前最重要的一个问题是教育问题。党中央提出对全国人民进行爱国主义教育，是非常英明，非常及时的。廖沫沙说：现在的青年，恐怕主要是缺乏知识，古代的文化知识缺乏，现代的文化知识也缺乏。有些青年的思想状况，可以用一句话概括，就是他们在个人主义的小天地里面，看不到国家的前途、人民的利益。无论是刑事犯罪、经济犯罪，还是走后门等不正之风，归根到底就是个人自利、自私。针对这一点，我们要引导青年离开他们的小天地，走到知识的海洋里来。黎澍说：有些最基本的文史知识，凡是中国人，就应该懂得。如果整个文化水平不高，要实现社会主义的现代化，是不可能的。自然科学界的一些老先生经常和我讲，要提倡学习自然科学的人学习社会科学，学习文史知识，不然不得了。我看，不仅是自然科学家，甚至有的作家也要学习。所以，《文史知识》这个刊物很重要，希望你们想方设法让读者感兴趣，发挥更大的作用。

二、进行爱国主义教育，应该重视普及文史知识

党中央提出进行爱国主义教育，建设社会主义精神文明的号召，参加座谈会的同志对此极为赞成。但是进行爱国主义教育，从哪里做起呢？对此，许多同志提出了各自的看法，提了不少建设性的意见。王力说：我觉得我们要进行爱国主义教育，最好的办法，就是宣传我们祖国的五千年灿烂文化。把我们这一点宣传好了，自然而然地，就会激发起我们的爱国主义热情。比方说：在天文历算方面，我国汉代有张衡，南北朝有祖冲之，唐朝有僧一行，元朝有郭守敬，他们的成就比起同时代的西方科学家要高得多。在文学方面，英国最早的诗人叫乔叟，是十四世纪的人，而我们的李白、杜甫则要比他早六百年。更不用说伟大的爱国主义诗人屈原了。如果我们把这些讲清楚了，我们的青年就不会自卑了，就不会再虚无主义了，他们的爱国主义思想就会油然而生了。我们还应该多宣传一点近代史知识，因为这可以从反面教我们的青年进行爱国主义教育，让他们知道，鸦片战争以后，帝国主义对我们如何欺负我们，有多少种不平等的条约，如果他们知道了这些，就会懂得香港这块地方自古就是我们的土地，由于不平等条约才产生了今天的问题。这样一来，我们进行爱国主义教育就能够达到目的。廖沫沙说：普及文史知识的工作确实重要。现在进行爱国主义教育，首先要了解祖国、认识祖国，搞清楚祖国究竟有哪些可爱之处，这就需要从普及文史知识开始。所以我希望《文史知识》能在这方面多做些工作，切切实实地告诉人们，我们祖国几千年的文化历史是怎样走过来的。比如，我国历史上有多少杰出人物，重大事件，伟大发明，我们的祖国有多少名山大川，历史古迹。把这些知识普及开来，传播开去，那么，这实际上就是进行了爱国主义教育。唐钺同志说：当年我向鲁迅请教，怎样学习马列主义，那时，马列主义的书很少，很难得到，他就劝我读历史。毛主席生前也总劝我们多学点历史。在马克思以前，许多理论都是以历史为历史知识里边来的。从历史中总结出来的。总的来说，当然是从实践中来的，历史知识是前人经验的总结。我们学习历史也是间接的实践嘛！李泽林说：我是搞学校工作的，现在搞思想政治工作不容易，对这一点我很有体会。刚解放的时候，进行思想教育，可以搞劳动教育，忆苦思甜，可现在的学生才十八九岁，连"文化大革命"什么样都不知道，你跟他说解放的三座大山，他完全不懂。不过工作难做并不等于不能做，办法还是有的。最近有两件事，很值得我们注意。一个是北京化工学院，他们为了给学生扩大知识面，就开了唐诗、宋词，开课结果也收到了意想不到的效果。同学们感觉到：呵，我们国家原来有这么伟大的文学家，这么伟大的作品！还有一个例子就是清华大学，他们为了中国近代史课，讲鸦片战争，结果也收到了意想不到的效果。同学们都感到了，我们的社会主义国家来之不易。通过这两件事，给我们一个很大的启发，就是要进行爱国主义教育，绝不能只是抽象地讲大道理，绝不能搞教条主义。现在，由普及文史知识来进行爱国主义教育，这确实是一条康庄大道。我衷心地希望《文史知识》编辑部的同志，继续在这方面多做工作，为建设社会主义的精神文明作出更大贡献。

三、普及文史知识，要树立历史发展的观点

白寿彝特别强调普及文史知识，介绍古代文明，目的是树立历史发展的观点。他说：历史不是死的，而是活的，具体的历史事件、历史人物应该记得住。但是他们的影响依然存在，所以我们搞历史的同志，要把历史讲活。讲历史，了解历史，是为了了解现在，让我们有了懂得过去的历史是如何艰难困苦地发展过来的，并且引导他们向前看，不管有多少困难，多少问题，也要向前走，使他们看见历史发展的前途，培养他们的理想。这才是研究历史的总任务。白寿彝还特别强调说，树立历史前进的观点，这是至关重要的，因为没有历史前进的观点，国就无法爱。他认为这是一种有关建国大计的根本问题。计力以说：普及文史知识，要着眼于提高群众的思想水平。这个思想水平，包括政治水平和理论水平。为了达到这个目的，《文史知识》曾经作了很多工作，今后还要有意识地在伟大历史人物上、杰出的科学发明上、灿烂的文化遗产和典籍上，贯穿这个内容，宣传爱国主义，启发和振奋青年的爱国热情。在文章中贯穿爱国主义规律性的东西，贯穿马克思主义基本原理，使青年既学习了文史知识，又提

高了自己的政治理论水平。李学勤说：对于中华民族的文化需要做一个认真的评价，科学地评价中国文化在世界文化史上的地位，这对于进行爱国主义教育很有关系。他说，1970年前后英国牛津大学出版了一本书，这本书中说中国和中国文化的形象，在历史上是不断变化的。在西方人的眼里，中国文化是什么样子，那是随着国势的强弱和外国同中国的关系而不断变化的。这个观点博得了很多人支持，我个人也认为这个观点是正确的。比如，法国封建时期一位作家写过一本书，叫作《中国的专制主义》，说中国的专制主义如何好，法国的君主应该向中国学习，那个时代，他们把中国讲成一个天堂般的理想国家。但当帝国主义侵略中国之后，中国形象就改变了，中国又变得一无是处，没有一点好东西了。中国悠久的历史被抹杀了。而且我们中国自己有一些作品，也不免受这方面的影响。因此对中国古代文明，它在世界上的地位，应该实事求是地进行评价。《文史知识》具有开拓的雄心，我希望他们在这方面也做一些工作。

四、普及文史知识，要以读者喜闻乐见的形式

普及文史知识是进行爱国主义教育重要的一环，那么怎样才能把这一工作做好呢，与会的同志纷纷出谋划策，他们结合《文史知识》的编辑工作，提出了很多普及文史知识的建议。

关于普及的对象，计力以说：我看最主要的还是要着眼于青年，因为我们的青年知识薄弱，而且他们是我们国家的未来，所以主要的目标要对向他们。

关于刊物的内容，陈翰伯说：进行爱国主义教育，应该特别注意介绍近代史知识。我们现在所说的爱国主义，主要是指帝国主义侵略中国后的爱国主义，不要以为近代史知识人人都懂，不见得。陈翰伯说，普及文史知识主要是面向青年、面向广大群众，所以，选题要注意具有普遍意义的内容，介绍最基本的文史知识，同时，要注意文章的思想性，应该是健康的、积极向上的。唐钺说：《文史知识》办得很认真、很严肃，它真正要靠质量争取读者，这很重要。办刊物一定要严肃认真、老老实实，不要搞趣味的趣味，哗众取宠。

此外，余冠英、阴法鲁等同志都作了发言。

（陈仲奇）

首都文史专家在《文史知识》举办的座谈会上踊跃发言，这是发表在《人民日报》1983年11月28日的座谈纪要。

发人深思的三个数字

——谈谈《文史知识》月刊

宋振庭

前几天，中华书局传来一个消息，他们编辑出版的《文史知识》（月刊）订户已达二十一万。听后，颇为激动。因为我是它的老读者，期期必看，从头到尾，当然也关心我热爱的刊物的前途和命运。这个刊物已创刊三年，第一年邮局发行七万，第二年，翻一番，达十四万，第三年突破二十一万大关。三个数字，颇令人深思。它反映出建设四化的人们需要知识，需要文化，它也说明了介绍中华民族五千年灿烂文化的书刊，很得人心。了解中华，热爱中华，建设中华，正是亿万人民的共同心愿。这些是最为根本的，是前提。除此之外，刊物要有自己的个性，才能吸引读者。《文史知识》的个性是什么呢？我看可以归纳为如下几点：

第一，此刊大专家写小文章，深入浅出，童叟无欺，少长咸宜。大专家写小文章，既能深入，又能浅出，如高度浓缩之"铀235"。

第二，编辑精心安排，文字清楚，校对较严，不粗制滥造，每期必有中心，安排妥当，很吸引人。在今天海内刊物中相当难得。现在别字连篇的刊物很多，有这样一个刊物在那里老老实实编辑，文章文从字顺，每期都能精心安排，匠心独运，实在难得！难得！

第三，涉及面广，文史哲经、佛道老庄、诸子百家，在此"八仙"聚会，各显神通。甚好！甚好！

第四，中国文化．中国文史知识．十年动乱．地层紊乱，断手再植．断臂再植．血管骨骼都断了．现在很需要将两个时代、两个历史连接起来，把血管疏通．骨骼接通．现在老一辈已大多离开我们，次老一辈也进入垂老之年，对此我深为感慨。

"江山代有才人出，各领风骚数百年"。老的死了，小的还会出来，可是这个地层断裂，上下两代不通，文化中断，对此我们的忧虑不是无因的。《文史知识》这样的刊物，可以使上下两代，血管疏通，可以使大小专家们留点遗产，给将来的中国文化打下更好基础。因此，大专家写些传宗接代、传心传法的文章很有好处。

最后，希望《文史知识》在全国人民的读书活动中发挥更大的作用，也希望众多的专家们多写些"小"文章。

宋振庭（时任中共中央党校教务长）推荐《文史知识》的文章，发表在 1984 年 1 月 30 日《文汇报》。

期订阅等于得到一部文史知识辞典"；另一个是"大专家写小文章"，这些文章"准确、生动、有用"。只要我们做广告，就把这两个口号写上，突出出来。时间一长，这两个口号深入人心，很有影响。

现在，由于广告泛滥，人们对这种宣传广告已经不很重视。我们要尽量利用书评，请有影响的人物评介你的刊物，指出长处，指出不足。请人评介，尤其是有影响有地位的人士，他们的评论，一般都会受到读者的重视。《文史知识》每年都要请人评论刊物，我们并不要人一味说好话，而是希望他们

1984年3月7日《中国报刊报》
刊文赞扬《文史知识》重印

重印《文史知识》的启迪

报载，《文史知识》"告读者"：即将重印1981、1982年各期，于1984年内出齐。一份杂志过期一、二年后，再度重印发行，这在我国报刊发行史上不多。由此想起两件事。

一件事是上海书店正在积极进行全套《申报》的复印，这是出于资料工作和研究工作的需要。全套《申报》堪称一部旧中国的"社会百科全书"，资料翔实，很值得参考。今天的《文史知识》，在资料性一点上与《申报》有相似之处，但它还有知识性强的特点。这份刊物介绍的文史知识，面广、量多、内涵深，写法深入浅出，读后受益较深。它寓教育于知识之中，是青年读者的"德育教师"，从中可以提高自身的道德修养。《文史知识》的重印说明，刊物内容扎实，可读性强，就会受到广大读者欢迎。

第二件事，《民主与法制》刚创刊时（1979年），国内有关"民主与法制"的报刊寥寥无几。"一枝独秀"，读者争阅，这份杂志每期出版后又在下月重印，持续一年以上。它的重印，反映了当时报刊的品种与发行不能适应社会的需求。今天，我国的报刊品种增加不少，文史类报刊也不乏见，为什么《文史知识》还要重印前两年的旧刊？这也说明我们对报刊的发行还缺乏正确的估计。办报刊和搞发行的同志，必须对报刊的社会需求作精确的调查分析，采取相应措施搞好发行工作，这样才能满足广大读者的需要，并促进我国报刊事业的发展。（何玉麟）

公正，一分为二。如，庞朴写了《祝〈文史知识〉创刊》（载于《人民日报》1981年4月30日），黎澍写了《普及文史知识与建设精神文明——推荐〈文史知识〉杂志》（载于《人民日报》1982年11月5日），王季思写了《课外的良友　自学的良师——向青年读者推荐〈文史知识〉》（载于《光明日报》1984年10月20日），余冠英写了《培养青年的历史使命感——〈文史知识〉创刊四周年寄语》（载于《人民日报》1984年11月19日），王力写了《我投〈文史知识〉一票》（载于《北京晚报》1985年3月11日），吴世昌写了《读〈文史知识〉"先秦专号"》（载于《人民日报》1986年8月18日）等，这些文章起到了好的效果，读者信服，又为编者指出了不足和提高的方向。

2．纪念性活动

一本刊物，很少会出现什么新闻，引起社会的重视。但是，"默默无闻"不是办刊物之道，自己要利用一切机会，引起社会特别是新闻界的重视，以扩大影响。最可利用的是办刊物周年纪念会，如创刊一周年纪念会、创刊五周年纪念会、创刊百期纪念会等等。

《文史知识》在创刊三周年的时候，举行了一个座谈会，请来在京的文史哲各界的专家学者五十余人，请来报社的记者、有关宣传单位的负责同志，大家汇聚一堂，评点《文史知识》。会开得非常热烈，王力、廖沫沙、季羡林、宋振庭、唐弢、周祖谟、黎澍、陈翰笙、周振甫等前辈学者纷纷发言，讲得热情、中肯，既肯定了成绩，也指出了不足和改进的办法，编辑部的同志感到很有收获。会后，《人民日报》、《光明

课外的良友 自学的良师

——向青年读者推荐《文史知识》

王季思

在我书架上有关文学和历史的期刊中，《文史知识》是我经常翻阅的一种。中山大学文科的中青年教师和学生，社会上的自学青年，有时也和我谈起这个刊物。他们既从一些老专家的论著中得到补益，也从同辈的一些文章里受到鼓舞。"它是我们课外的良友、自学的良师。""文科方面的刊物如评奖，我投它一票。"这说明它在青年读者中留下的印象是深刻的。

这个刊物之所以引起老一辈学者的兴趣，是因为经常能看到同辈学者的稿子，就象老朋友见面一样，特别亲切。我曾问过一位中文系的教师，问他最喜欢《文史知识》中哪一类稿子，他说自己最爱看的是著名专家的小文章。它们一般只有三、四千字，有的只有千把字，把历史上某一方面的典章、制度、重要人物或事件，文学史上某一时期的作家、作品或流派，都简明扼要地讲清楚，态度平易近人，文章亲切有味。一位青年学生在读了庞朴同志的《和初学者谈"天"》后说："我们的专家学者能多写这样的文章就好了。"这篇稿子以对亲友拉家常的态度，从一对孪生的青年朋友分别考进某名牌大学的中文系和历史系谈起，谈到文和史也是一对孪生子，而要学好文史，必须知天，即要懂得一些起码的天文和历法知识。接着根据他长期深入钻研我国文史著作里有关天文、历法的记载加以论证。最后谈到相传为"高辛氏二子"的参、商二星，也有点象是双生子。由于文章的深入浅出、引人入胜，即使是初进大学的本科生也会受到启发，感到兴趣。不少教写作的教师更从叶圣陶先生对《青铜器浅谈》一文的修改意见和编者的按语里受到感动，引起注意，力求把文章写得深入浅出、平易近人。看来专家学者越是没有架子，乐于为培养扶植新一代人才的成长付出劳动，他们的文章也就越广泛地为中青年的学者所喜爱。

这个刊物以严肃认真的态度和生动活泼的形式向广大青年普及祖国的文史知识，对我们正在建设有中国特色的社会主义精神文明无疑会起到积极的作用。它引起青年读者的浓厚兴趣至少有三个原因：第一，从刊物中可以看到祖国悠久的历史和灿烂的文化，看到各族人民的劳动智慧和创造精神，从而提高民族自豪感，增强热爱祖国的思想感情。同时也从新旧对比中，看到旧社会的阴暗，增强对社会主义新中国的热爱和实现社会主义现代化的信心。第二，可以从"文学史百题"、"历史百题"、"文化史知识"等栏目中，系统地了解祖国历史文化方面的知识，解决在平时自学过程中所不能解决的问题。第三，一些老专家谈治学的文章，为青年同志的治学成才提供了途径和借鉴。最后，有志于从事文史学习和研究的青年，还可以从"青年园地"一栏的文章里受到鼓舞。青年们朝气蓬勃、思想敏锐，常能在人们习以为常的地方发现新问题，提出新见解。我童年时期就在舞台上见过二郎神，后来读了些小说考证的书，又知道他是李冰的第二子，帮助过李冰治水，因此逐渐被神化了。我对这个神道的来龙去脉从没有怀疑过。读了西南师院历史系学生杨继忠的《二郎神小考》，才改变了我长期以来对二郎神的看法。虽然青年们的稿子一般还比较单薄，写作上也不够熟练，但这是他们在成长过程中难于避免的。《文史知识》的栏目多，篇幅有限，要多登青年同志的文章也有困难。补救的办法最好是出不定期的《青年园地增刊》，选刊一些专栏容纳不下的稿子；同时在专栏里增辟"青年论文摘要"的小栏目。现在大学本科生、研究生的毕业论文都有摘要，有的确有独到之见。每期选登一些，不会太占篇幅。这将给青年读者以更大的鼓舞，刊物也越办越有生气。

《文史知识》创刊于一九八一年一月，作为文史方面的知识性读物，四年来，它越来越受到青年读者的欢迎，也逐渐引起老一辈专家的注意。在各高等院校社会科学版学报都很少起色时，它的销数却逐年大幅度增长。原因究竟在哪里呢？这主要是它比较好地体现了八十年代的学风和文风。

党的十一届三中全会以后，经过三年的拨乱反正，从实际出发，理论联系实际、实事求是的科学态度和百家争鸣的科学方针在文史领域中才逐步得到恢复，并且出现欣欣向荣的局面。这就是我们说的八十年代的学风。它在四年来出版的四十几期《文史知识》里得到较好的体现。

就文风说，这个刊物是看菜吃饭、量体裁衣；无话则短，有话则长，长短结合，以短取胜。有时一段译文，一句成语，略加解释，读者自明，就不再罗嗦，嚼饭喂人。即有稍长文章，也大都是意足而止，没有多余的话。它表现了实事求是的文风，是八十年代的学风在文史领域的反映。

一个三十二开一百多页的刊物，反映出老一辈专家越来越平易近人，为青年读者结出一颗颗甜滋滋的果子；青年同志敢于探索、创新，开出一丛丛红艳艳的鲜花；还反映出我们党在拨乱反正后越来越扎实的学风和文风。它理应得到广大读者特别是青年同志的欢迎，成为他们的良师和良友。它的有效经验也值得其他知识性刊物和理论刊物吸取。

著名学者王季思赞扬《文史知识》的文章，发表在《光明日报》1984年10月20日第4版。

培 养 青 年 的 历 史 使 命

——《文 史 知 识》创 刊 四 周 年 寄 语

余冠英

《文史知识》这份杂志从四年前破土而出，至今已在刊物之林中牢牢地打下了根柢。它内容丰富、体裁多样、形式活泼、引人入胜，为寻求知识的人们提供了周到、系统的辅导。在这样短的时间内，就办成了这样一份受到社会广泛欢迎的知识性杂志，实在是难能可贵。

评说这份杂志的价值，是应当从文史知识本身的价值来谈的。当今社会主义时代的人们是否需要文史知识？答案是肯定的。加里宁曾说过这样的话："社会主义是科学和文化的社会。要成为社会主义社会的当之无愧的成员，就应当努力地和好好地学习，获得很多知识。"文史知识就是科学和文化知识中很重要的部分，它为每一个现时代的成员所需要。那么怎样具体理解这种需要呢？一般人多从实用角度来理解。的确，文史知识在社会上具有多方面实用功能。一个作家要使自己的创作提高水平，除了多写多体察生活外，还必须多读文学史上的名著，以汲取养料、借鉴经验。现在有的同志提出作家要学者化，提得很对，怎么"化"法？并无捷径，唯有多读书，尤其是文史方面的书。对于从事各种社会科学工作的同志来说，文史知识也是不可或缺的。从事经济工作可以不了解本国经济的发展历程么？研究法律可以撇开旧中国的法制情况不管么，即使是对从事科学技术工作的人来说，文史知识也是用得上的。自然科学工作者掌握一定的文史知识，至少可以帮助你把论文写得更通顺一些、生动一些，把观点阐述得更巧妙一些、更吸引人一些。许多老一代自然科学家，文史知识修养都很深厚。著名数学家苏步青同志说："如果允许复旦大学单独招生的话，我的意见是第一堂先考语文，考后判卷子，不

合格的，以下的功课就不要考了。语文你都不行，别的是学不通的。"这是很有见地的。对于在其他工作岗位上从事劳动的同志来说，文史知识同样是需要的。如果你缺乏最起码的文史知识，你的工作、学习、生活就会碰到很多困难，甚至连张报纸都无法卒读，写封信也辞不达意。多接触文史著作必有助于语文表达能力的提高。总之，无论什么职业，什么行当，要想使自己成为一个有用之才，能够在我们这个"科学和文化的社会"里做出贡献，受人尊重，实在是离不开文史知识的。

不过这些实用性的价值虽比较切近，却还不是最要紧的，学习文史知识的根本意义还在于使人了解在我国几千年的漫长历史中，曾涌现出许多杰出人物，我们的前人曾经在政治、军事、经济、文化、科技等各方面创造了光辉灿烂的文明，取得过领先于世界的成就。文史知识是精神遗产，它激励、鼓舞我们继承并发扬优秀民族传统，投身于四化建设事业中去。特别是对于青年人，可以从中更深刻地认识到：建设祖国、振兴中华，原是一种历史性的使命，为达此目的，我们的前人曾"虽九死其犹未悔"，也曾"横眉怒对国民党的手枪"，今天我们更应继往开来，奋斗不已。培养和坚定这种历史使命感，我认为是社会主义精神文明建设的核心内容之一，也是青年成才的基本要素。它将给我们的年轻一代装备上一种精神能源，使他们意识到自己的社会责任，不断砥砺，努力精进，从而给四化大业增添巨大的动力。

这种历史使命感，在革命先烈和老一辈革命家身上，在一些优秀知识分子当中，表现是非常自觉的。抛头颅，洒热血，枪林弹雨，冲锋陷阵，为

感

1984年11月19日　星期一　第五版

是什么，置国外优越的生活、工作条件于不顾，冲破重重阻碍，回到一穷二白的故土来搞科研、办教育，又为的是什么？曾有一些青年人，对于这些似乎相当隔膜，其重要原因之一是对于中华民族的光荣传统所知太少，头脑里没对国家和民族的责任感。令人欣喜的是，社会各近年来越来越关注这个问题了，各种形式的读书活开展起来，激发了广大青年的学习热情，大家学台理论，学科学技术，也学文史知识。通过读书习，一代青年在成长。而《文史知识》就成为人们解文明古国精神遗产的一个窗口。我想，它在培广大青年的历史使命感方面所起的有益影响，是能低估的。

《文史知识》作为一份杂志，所能起的作用当是有限的，不过编者清醒地意识到自己的责任，门在朝这个方向努力。四年来，他们有目的、有划、有针对性地介绍了一系列祖国文史知识菁华，里有国家从分裂到统一的曲折过程，有历代爱国雄和先进人物可歌可泣的奋斗事迹，有社会经济化的盛衰发展，有民情风物的演变递嬗，还展示年多文学艺术珍品。凡此种种，无不体现了一条本宗旨，那就是增进读者对我们这个文明古国的解和热爱，增强我们的民族自信心。从这一点来也可以说《文史知识》的编者自己就具备了历的使命感，因此才能脚踏实地、兢兢业业、"我行素"地来办这样一份既活泼又严肃的刊物，从事神上的能源建设工作。现在看来，编者的用心没落空，刊物不但没有受社会的冷遇，而且在读者的影响迅速扩大。想到获益的读者——不止是青人——为数日增，那末付出了艰辛劳动的《文史只》的编者和撰稿者理应感到自豪，连我这个文界的老兵也感到十分欣慰。

适逢《文史知识》创刊四周年，书此以表达我祝贺之情。

日报》、《北京晚报》等多家报纸发了"《文史知识》创刊三周年座谈会"的消息。

我们又选择了几份适合于报纸发表的发言，整理成文。如：宋振庭的发言《发人深思的三个数字——谈谈〈文史知识〉月刊》，发表在《文汇报》上；唐弢的发言《学习历史，建设社会主义精神文明——推荐〈文史知识〉杂志》，发表在《光明日报》上。与此同时，编辑部又将会议发言整理成文，以《普及文史知识　进行爱国主义教育——首都部分文史专家座谈纪要》为题，发表在《人民日报》上。这样一来，小小的座谈会，造了这么一个不小的舆论宣传声势。编辑部既总结了三年来办刊的经验教训，又为爱国主义教育起到了配合作用。

余冠英评说《文史知识》的文章，发表在1984年11月19日《人民日报》。

刊物的形象　**169**

《文史知识》五周年时，刚好《北京晚报》举行"最佳杂志大家评"活动。《文史知识》被评为文史类的"最佳杂志"，真是双喜临门，不能不庆祝。单纯的庆祝是没有多大意义的，举行一个活动要起到多方面的作用。经过再三研究，我们把五周年的纪念活动定为一次座谈会，主题是"八十年代我们怎样治学"。这是一个很受关注的主题。20世纪80年代，是一个信息时代，工业革命、技术革命，要求治学方法革命。《文史知识》有责任引导大家讨论，这有利于《文史知识》在知识界、学术界的形象，有利于团结青年学生和知识分子。

·2· 1985年3月11日

最佳杂志大家评

我投《文史知识》一票

北京大学教授 王力

我是做教师的，常感到的是给学生讲些什么和怎样给学生讲。前一个是内容问题，后一个是方法问题。从某种意义上讲，《文史知识》也是一位教师，我看它在讲什么和怎样讲这两个方面，都解决得好。

大约是《文史知识》三周年的时候，我曾很高兴地为它写了一首诗：黄裔风流早焕然，辉煌文化五千年。马班纪传人为鉴，李杜文章焰烛天。艺苑骋怀生意坦，书林纵目扣心弦。读书要有凌云志，拾级攀登泰岳巅。我们祖国有五千年的灿烂文化，是十分了不起的。就拿天文历算来说，汉代有张衡，南北朝有祖冲之，唐代有僧一行，元代有郭守敬，他们的科学成就比和他们同时代的西洋科学家大得多。再说文学方面，英国最早的诗人是乔叟，是十四世纪的人，我们的李白、杜甫是第八世纪的人，比他早了六百多年，更不用说我们的伟大诗人屈原，他是公元前战国时代的人。把这些告诉给我们的青年，他们就不会有虚无主义了，就会发奋图强赶上去。《文史知识》正是以这些为主要内容。既介绍了文史知识，又进行了爱国主义教育，这是我投它一票的第一个原因。

它的第二个长处是内容丰富而又系统，刊物不同于教学讲义，不同于自学大纲，刊物要丰富多彩，吸引众多的读者，但刊物又要有中心、有系统。这是一对矛盾，并不那么好解决。有人说《文史知识》是一本带有"文史知识辞典"性质的刊物，这话有道理。把它创刊五周年的总目录拿过来一看，它知识丰富，林林总总，又有中心、有系统，一般的文史问题都可以从中找到答案，的确是青年人学习文史有用的辅助教材。

第三个特点，《文史知识》大专家写小文章。《文史知识》的作者不论名人，非名人，大多对他所撰述的问题有研究，这就可以保证刊物的质量。大专家写小文章当然表现了大专家普及文史知识的热情，然而，杂志编辑部能组织众多的专家来写文章，可以想见他们要付出多少心血和精力。这表达了刊物编者的事业心。

我投《文史知识》一票，以一个教育战线上老兵的身份，衷心希望它就这样老老实实，不图虚名，为普及宣传中华民族五千年的灿烂文化干下去。

北京大学教授王力在《北京晚报》举办的评选最佳杂志活动中赞扬《文史知识》

我们先在中华书局会议室举行了一个以文理科学生为主的三十多人的讨论会；之后，又在国际俱乐部举行了二百多人的座谈会。请来的人不仅仅是专家学者，还有学生、社会上自学的知识青年。老中青济济一堂，座谈会开得热烈而融洽。

整个纪念活动，中央电视台都作了录像，最后以《五载辛勤花满枝——庆贺〈文史知识〉五周年》为题，制作成一个专题节目，播放了10分钟。这是中央电视台对我们的鼓励，也是对我们的巨大支持。

这里还要说一句的是，安排这些纪念活动的时间我们动了一下脑筋。每次纪念活动我们都在10月份举行，原因就是每年报刊杂志的征订是从10月份开始。10月份是报刊的黄金时间，在这个时间内给公众造成一个强烈印象，无疑是十分重要的。

3.公益性活动

刊物举办公益性活动很不容易，因为办一种杂志，尤其是月刊，相当忙，很难抽出力量来。但在全国6000种杂志中你要崭露头角，就要付出5999种杂志所没能付出的力量，所没能做出的努力。公益活动是最能获取社会公众了解和好评的活动，通过公益活动最能建立自己的良好形象。

《文史知识》曾经发起并与中央电视台合办了三届全国"迎春征联比赛"。征联消息，比赛的规则、办法，评选的情况，评奖的结果，都在电视台播出，在《广播电视报》上刊出。这个活动不但为广大群众喜闻乐见，而且具有浓厚的民族特色，对于继承和发扬中华民族文化传统很有意义，所以受到中央领导的好评。同时，因为《文史知识》是发起单位，每次电视播放都有《文史知识》的名字，这就扩大了《文史知识》的影响。每次比赛后，编辑部都收到大量来信，盛赞我们做了一件有意义的事。不少同志来信说，"从前不知道你们这个刊物，通过这次活动，知道了，找到刊物一看，真是相见恨晚"，要求补订以前各期。当然，作为发起单位，我们也要出一些经费的，但比起广告费来说，那就微不足道了。

诗人臧克家的这组诗作发表在1985年
11月7日《人民日报》第8版

人 民 日 报

近 作 四 题

臧克家

题烟台《仙阁集锦》

蓬里汉武，尘策欲堕未满，缥缈觅三山。神仙梦幻，空余史迹庭班。海市蜃楼，现实活鲜，今朝胜往昔两千年。中外游侣，登上蓬莱高阁，顿眼阔心宽，新开港口，看吞吐万国船。天青水蓝，人间换了，向道踪寻诗趣盎然。

为盐城新四军纪念馆题句

昔空今朝巍巍然
当年一叶记奇冤
健儿报国鲜红血
不洒阵前沃江南

贺《文史知识》创刊五周年

——《文史知识》创刊以来，总不离手，每晚卧床上，灯下研读，习以为常，红圈蓝线，乱杂字行间，自得其乐。作品坚实，编者竭力，五年之间，成绩斐然。声誉日隆，读者日众，欣然口占四句，以抒益外之情。

结识良朋历五年
殷勤夜夜伴孤眠
文章读到会心处
顿觉灯花亦灿然

赠白寿彝同志

苦忆山城三纪前
啾啾八口一蓝衫
晚晴白发春风里
常记流年永敢闲

松
鼠
（中国画）

谷宝玉

大
地

附记：抗战期间，与白寿彝同志订交于山城重庆，岁月日增，而友情弥笃。当时寿彝执教中央大学，蓝布长衫，仆仆风尘，八口之家，生活困窘。而今，年近八旬，兼职甚多，主编《中国通史》，计一千二百万言，壮志可嘉，以诗赠之。

一座通向智慧绿洲的桥梁

——记《文史知识》出刊二百期

本报记者　钟嘉

今天，1998年2月13日，是一份名为《文史知识》的刊物出刊200期的日子。有心的读者如果去读这一期的《文史知识》，会看到季羡林、任继愈、周振甫、金开诚、戴逸、田居俭、瞿林东、李侃、龚书铎、李学勤、白化文等诸多中国著名文史专家的祝贺文章。他们首先把我们带回到一个热情澎湃的读书年月。

八十年代初，中华书局编辑部决定创办一份介绍和研究中华传统文化各方面知识的刊物，以中学文史教师、大专院校的文科学生和广大文史爱好者为对象，以使我国的优秀传统文化遗产能让更多的读者有所了解和继承。

回想《文史知识》创刊的1981年1月，那时恢复高考制度刚4年，多少进入大学和希望进入大学的青年饥不择食地饕餮在知识的海洋里。但经过10年"大革文化之命"的岁月，学业荒废的青年不容易找到通俗易懂又深入浅出的书刊，这时，《文史知识》诞生了。它是一份"特别注意内容的科学性和严肃性，又有较强的可读性和一定的趣味性，知识性与学术性兼而有之"(李侃)的刊物，一

问世就迅速受到广大读者的欢迎，在1981年至1986、1987年的五六年里，发行量直线上升，达到20多万份。许多读者因为错过了最初一两年的《文史知识》而抱憾，应他们的要求，1981、1982年的《文史知识》在期刊类出版物中破天荒地重新印刷，以满足爱好者的需要。

17年过去了，当第200期《文史知识》即将出刊之际，专家学者们写来了热情的文章：

"《文史知识》乘改革开放的东风，沛然而兴，成为中华书局的一个新的、面向更多读者的窗口。创刊伊始，它充满信心和饱含激情地在全国吹拂起阵阵雅好文史之风，赢得广大读者的热烈回应和学术界的高度评价，激起很大的社会反响。"(瞿林东)

《文史知识》为"蹉跎了金色年华仍在文化荒漠中跋涉的青年，搭起了一座通向智慧绿洲的桥梁"。(田居俭)

"《文史知识》创刊17年，成为同类期刊中流布最广的一种，这绝不是偶然的。如此优异的成绩，应该归功于编者的辛勤努力，作者的热心支持，同时也表明这样的普及刊物符合社会大众，包括许许多多青年人的要求。"(李学勤)

"《文史知识》从创刊到现在，不趋时，不媚俗，堪称精品。"(龚书铎)

《文史知识》编辑部的同志，"17年来始终'尽职而不越位'，坚持在自己所占的一席之地上奉献聪明才智，使刊物的独特定位表现为刊物的鲜明特色，从而取得相当大的社会效益"。(金开诚)

说到《文史知识》的特色，最突出的一点是"大专家写小文章"，几乎所有当代的中国文史哲大家都在《文史知识》上发表过文章，而且，这几乎成为八十年代文史学界的"时尚"。他们应编辑之约为这个普及性刊物写稿，三几千字的短文，"往往是数十万字著作的凝练，是数十年学术造诣和严谨学风的体现"(龚书铎)。这一方面表现了专家学者传播普及中国优秀文化遗产的热忱，一方面也表现了《文史知识》编辑们的眼界和水平，真正使刊物做到了"雅俗共赏"。

《文史知识》也为许多青年作者提供了发表学术见

解的机会。当年一些初登学术殿堂的年轻人，在《文史知识》上第一次看到自己的文字被发表，受到深深的鼓励；看到文稿得到编辑的精心修改而语言更准确，观点更鲜明，又受到深深的启发。今天，他们之中的不少人已成为教授、博士生导师……在《文史知识》上发表的第一篇文章，"成了他们人生中的不会忘却的纪念"(瞿林东)。

台湾的读者会记得，1990年4月，《文史知识》与台北《国文天地》同步刊行介绍台湾文史的"台湾专号"，破40年的坚冰，开两岸杂志界携手合作之先河。两岸专家学者共同撰稿，两家杂志共同编辑，给两岸读者耳目一新、精彩纷呈之感。虽然《文史知识》不断在推出朝代专号、专题专号和地区专号，但这一期"台湾专号"却因为应了两岸开放交流的热潮而格外引人注目。

重提往日风采，是因为《文史知识》又迎来了一个好时光。随着中国日益深入的开放和进步，中华文明在世界上越来越广泛地受到越来越深切的关注，新一代中国青年也在东西方文化碰撞中越来越感受到中华优秀传统文化的分量。《文史知识》准备适应这种发展变化的社会需求而继续锐意进取，再上一个新台阶。

17年前，因为电话不普及，《文史知识》的编辑们为约几篇稿，要从中华书局所在地王府井骑自行车一趟一趟地跑北大，现在，他们正着手把《文史知识》送上国际计算机互联网。

随着不断的考古新发现、学术研究的新进展和中外交流的更广泛，许多文史话题又有了探讨、诠释的新角度、新方式，《文史知识》不仅会精益求精，而且仍然能够开阔视野，丰富内容，大有作为。

《文史知识》一直在"把博大精深的中华历史文化条分缕析地介绍给读者，使之得以领略我们民族文化的深厚意蕴"，"把潜在的历史文明优势转变为现实的可利用的文化资源"(龚书铎)。这在200期以后的《文史知识》，将更是如此。

这是1998年2月13日《人民日报》（海外版）刊登的通讯

1984 年，广告业大发展，广告费用扶摇直上，一般的刊物做不起广告。我们地处北京，发行 20 余万，很多刊物要求我们给他们免费做广告，或者交换做广告，经过研究，我们在《文史知识》上刊出启事，为同类型刊物"义务宣传，免费刊登广告"。一时间，几十家刊物要求为他们刊出广告。这时，有的同志说："傻大头，有钱不收，沽名钓誉。"其实，这个决定是我们反复权衡之后采取的一个措施，而且实施以后，不少刊物和我们交换广告。好处是明显的：第一，大家都来找你做广告，说明他们知道你，看重你；第二，你与其他刊物交换做广告，你给他们　家一家做，而其他刊物一齐给你做，两相比较，客观效果不是对你的刊物更有利吗？

　　"纪念性活动"、"公益性活动"，以及"广告性活动"，都可以说是一种有效的塑造形象的活动。这种活动的前提是为公众做有益的贡献。这种活动的结果，让公众信任你的刊物、喜欢你的刊物。这时，我们才可以说，你的刊物在公众中已经有了良好的形象。

参加《文史知识》发起并承办的第一届全国春节楹联比赛的顾问、评委和工作人员。二排左二起：邹友开、启功、许麟庐、廖沫沙、王力、周祖谟、吴小如、戴临风、俞明岳、周振甫。三排：左五朱家缙、左七李侃、左十刘叶秋、左十一杨牧之，右二白化文。

1982 年《文史知识》编辑部发起全国春节楹
联比赛。这是比赛顾问和组织者的合影。左
起：（第一排）周祖谟、王力、廖沫沙、俞明
岳、周振甫、刘叶秋。（第二排）张富华、李娟、
戴临风、程毅中、吴小如、白化文、杨牧之。

十四　刊物的广告业务

这一节我们谈谈杂志的广告业务。

在西方，许多大的刊物，都是靠广告收入来维持生存的。他们公开声称："以广告收入作为报刊发展再投资的资金来源。"美国《读者文摘》的经理人曾经对读者说：如果愿意付邮费，可以免费得到《读者文摘》。因为该刊的广告收入已完全可以支付该刊的成本。著名的《生活画报》，出版费用有七成是由广告费来开支的。所以，它每册的成本虽然有 0.41 美元，但读者只要付 0.12 美元，其余全由广告费来支付。

我们国家的刊物也开始开展广告业务了，但在目前，还没有哪家刊物依靠广告收入就可以维持生存并扩大再生产的。然而在我们报刊经费严重不足，纸张、印工、发行费用不断上涨的今天，国外开展广告业务的经验和做法未始不可以探索和试验。

杂志为什么能吸引广告客户

广告业务开展最早的当然是报纸，随后是广播。随着电视的出现和迅速普及，电视广告成为广告客户最宠爱的对象。但是，随着电视广告论秒计价，费用大涨（据说电视台广告30秒收费3000元；如果请电视台制作广告片还要加3000元，合起来就是6000元，而且只播一次，重播还要再交3000元）；而且，黄金时间广告头两个月就已排满，临时急需根本无法插入。随着报纸版面的日趋紧张，广告要想早点见报，必须走后门，托人情。于是，人们把注意力渐渐转向杂志。这是客观环境造成的。除此之外，杂志自身的优点也渐渐为广告客户所认识。

杂志自身的优点是什么呢？

第一，杂志上刊登的广告持续的时间长。广播、电视瞬息即逝；报纸如果今天没有读到，明天又出版了新的一张。杂志，无论是月刊、双月刊、季刊，还是半月刊、周刊，广告的寿命相对延长。

第二，读者较为集中。某一种杂志有它固定的读者群，针对这一群读者推销的商品，在这个杂志上去做广告，那不是"正中下怀"、好货卖与识货者吗？

第三，杂志上可以印制精美的彩色广告。这些广告设计的趣味高尚，印制精美，将会成为具有欣赏价值的艺术品。读者看到这样高雅的图片，不但会提高对商品的好感，而且也会使广告客户在读者心目中的形象变得更加美好。

第四，某些杂志具有相当的影响，在舆论界、学术界有举足轻重的地位，它的水准，它的风格，已为读者所公认。在这样的杂志上做广告，又会提高广告客户的声望。

广告客户喜欢什么样的杂志

前面已谈到国外的许多杂志都是靠广告来维持生存的，所以广告商就成为决定杂志前途和命运的人物，杂志的经理人就千方百计投广告商之所好。广告商最大的"好"是什么呢？是刊物的销数。哪个刊物销数高，广告商就到哪个刊物去做广告。所以，经理人要求出版部想方设法降低成本，讨订户喜欢；经理人要求编辑部千方百计了解读者要求，扩大宣传，以增加订户。正是在这个背景下，《生活画报》0.41美元的成本，却只收读者0.12美元；《读者文摘》只要付邮费，可以免费得到杂志。只要销数上去了，广告费提高了，增加了，宣传费用也好，降低零售价的亏损也好，全都可以转嫁到广告客户身上去。杂志的老板少收读者一点钱，正是为了从广告商那里得到更大量的钱。

但在报刊发行史上，不乏这样的现象，有的大刊，有几百万订户，却突然办不下去了，停刊了。如《生活画报》，停刊时尚有500万订户。这是什么原因呢？《生活画报》的遭遇值得思考。研究者们从中总结出一个教训，那就是靠广告来支付其成本的刊物，不但有一个最低印数，低到那个数，一定会亏本，干不下去了，而且有一个最高印数，超过这个数字，也同样维持不下去。

说穿了，原因也很简单。一个刊物的销量可以大增，然而广告的收费却不能无限上升。当广告客户认为所付之钱与所收的效果不相一致时，它就不会再付钱到你那里做广告了。

発揚神州國光 傳播文史知識 温故知新 繼往開来 張皇幽眇 闡明奥義 四化建設 所賴實多

文史知識創刊五周年紀念

吴世昌敬賀

中国古典文学专家吴世昌
为《文史知识》题辞

以《生活画报》为例。《生活画报》创刊于 1936 年。它专门刊登时事、生活、人物方面的图片，1954 年销量超过 550 万份，1968 年达 850 万份。事业鼎盛，举世皆知。经理人兴奋地把它的彩色广告增加到 64200 美元一面，比当时电视黄金时间一分钟收费还高。结果广告收入骤减，人们不到它那里去做广告，850 万份的巨额编印费用无法支付。经理人只好压低销量。先压到 700 万份，广告费也减到每面 54000 美元。没有料到，你压低销量，减少广告费用，人们心理上又认为你已经走下坡路，不行了，广告客户更少，读者也开始下降。刊物的庞大支出无法应付，一个发行尚达 500 万份的大刊，眼睁睁地看着它关门了。

所以，一个刊物的广告费要适度。低了，事业无法发展；高了，人家不给你。硬是往上涨，付与收不相抵，广告客户就会把目标转移到其他收费较廉的传播媒介上去。

● 180

从内容上来说，广告客户喜欢什么样的刊物呢？

办刊物要讲究个性。没有个性，没有特色的刊物当然也就没有必要存在。许多著名刊物都严守它的读者对象，实质上就是为了保持个性。《读书》杂志几年来订阅数稳定在 5 万册上下。它是一个内容丰富而选材严肃的期刊，它不因只有

著名学者唐圭璋致编辑部同志的信

5万订户而改变方向。它辛勤耕耘，在它的读者群中享有较高的声誉。《文史知识》本分而扎实。它踏踏实实、千方百计地介绍中国文史知识，按部就班，循序渐进，八年来很得文史界人士好评。因为不得已的原因，八年来它调价四次，但订户稳定在15万上下。这种杂志的订户都不算很多，但各有其特定的读者群。做广告要找什么刊物呢？无疑要找这种目标具体、个性突出的刊物。这看来是矛盾的，一种发行50万的刊物难道会不如发行5万、15万的刊物影响大？而事实正是如此，看发行50万份的杂志的人，学习文史的可能只有1万、2万，而《文史知识》的15万读者却都是爱好文史的人。

广告内容要注意什么

有的同志认为，刊登广告是十分简单的事情。你拿来广告稿，你付多少钱，我登多大尺寸。实际上开展广告业务是一项严肃的事情，其中大有学问。我们在审查广告稿时，一定要注意：

①广告介绍自己的商品，不能为了竞争而中伤同行的商品。

②广告画面要健康、高尚，不能有败坏风俗，尤其不能有色情、淫秽的形象。

③广告文字要实事求是，不能夸大其词，蒙骗读者。

④刊登药品广告，必须有卫生行政管理部门的证明，否则决不刊登。

⑤广告的文字和画面不能违背国家政策。

这些条条，说起来容易，做起来并不容易。请大家看看下面几个书籍广告：

《少女泪》的征订广告：

> 这是一本法制中篇小说，案情新奇、古怪……其中大量的细节和秘闻，有的是受害少女私下所提供，有的是司法界人士暗中所透露，有的则是作者参加诉讼所了解，总之，都是未公诸于世的珍贵材料。……对少女的心理和生理的秘密揭示得充分细腻。

只要看看我们加点的文字，广告作者的用意就很明显了。他是在那里吊胃口，以招徕读者。实际上《少女泪》不过是一本平庸的所谓"法制小说"，既不"新奇"，也谈不上材料"珍贵"。

《第二夫人》的征订单：

> 《第二夫人》是一本使人必欲先睹为快的畅销小说……注意！请在阅读时对书中部分描写床第生活的情节，要持严肃的批判态度。

广告作者的点睛之笔就在"注意"二字，其实他是在那里说：本书有描写床第生活的情节，快买来看吧。这种以自己的低下心理，明抑暗扬、欲擒故纵的手法是很拙劣的。

还有一个发行部门的征订广告这样写：

> 您想了解资本主义国家的色情小说和有关性的描写吗？那么请您订阅由我部独家发行的《意乱情迷》、《爱的征服》、《爱的奴隶》等系列色情小说。
>
> 《意乱情迷》从始至终贯穿神奇的性描写……读后使您彻夜难眠，回味无穷。……

我们姑且不谈三本书内容如何，广告大肆兜售"系列色情小说"、"神奇的性描写"，是明目张胆，有恃无恐，还是愚昧无知，钱迷心窍？难道不知道社会主义中国是不允许色情读物毒害读者的？

西方国家的一些刊物为了获取生存和发展的资金，不得不唯广告商之命是听。刊出什么文章，文章如何写法，甚至封面怎样设计，都明里、暗里受着广告商的指挥和影响，所以，即便一些非常好的刊物，也不能不带有浓厚的商品味、金

中国古典文学专家王起（即王季思）致编辑部同志的信

钱味。我们社会主义中国的刊物，要生存、要发展，当然靠自力更生、自负盈亏，但首先要想到我们的刊物肩负着建设社会主义精神文明的使命。俗话说："君子爱财，取之有道。"我们不能为了几个钱，不要祖国文化，不要子孙后代。这个问题在刊物的广告上表现尤为突出。这是我们刊物的主编不能不特别注意的。

《文史知识》广告三步曲

《文史知识》的广告业务是从创刊的第二年开始的。第一年，封底一依中华书局的老风格，将社标印在正中。当时，我们觉得只有这样才是大方、典雅和富有文化气息。第二年，感到不对，好端端一个封底，整整一面，只印了一个小小的社标，未免可惜。于是开始刊登中华书局的新书预告，读者很欢迎。哪一期没登，便会有人来信询问。这可以说是第一步。第三年，很多刊物已经开始做收费广告了。我们考察再三，看到广告客户对文史类刊物并不感兴趣；而我们自己又怕广告太乱、太杂，坏了刊物的形象，所以，不肯做书籍之外的广告。我们又看到有的文化学术刊物为拉一个广告，费尽唇舌，而且收费低廉，很不上算。苦思苦想，便提出"义务宣传，免费刊登广告"的口号。原则是：一，须是同类性质的刊物；二，要相互支持，交换广告。启事一刊出，不到一个月，就有十几家刊物来联系。这时，有人说我们太傻，不会赚钱；有人说我们标新立异，哗众取宠。其实，我们是经过再三斟酌与权衡的。因为在同类刊物中，我们订户最多，别人当然

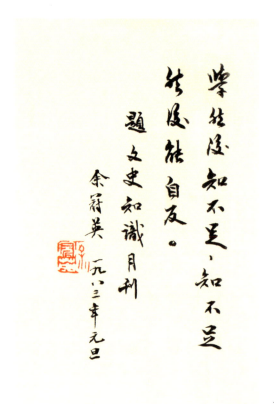

学然后知不足，知不足
然后能自反。
题《文史知识》月刊
余冠英 一九八三年元旦

余冠英为《文史知识》题辞

愿意和我们交换广告。我们给天下刊物一家一家做广告，而天下的刊物一齐来给我们做广告，确是互利，但天下刊物一齐给我们做，那样的影响和声势千金难买。我们提出须是"同类"的刊物，目的当然是扩大我们刊物在同类即文史界的影响。这是第二步，开展广告业务的主要目的还是宣传自己。

第三步，《文史知识》从 1988 年开始也做收费广告了。这是真正的广告业务，一方面为传播信息，一方面也可以借此增加收入，以补刊物经费之不足。

从我们这三步的思想变化中我体会到，刊物一定要爱惜自己的声誉。有一位前辈说过：看一个刊物所做的广告，就可以知道这个刊物的格调。所以，做广告要自重。但我们也不能被陈旧的"形象观念"所束缚，端出一个架子，这也不屑为，那也不入眼，常常是孤立了自己，效果适得其反。

十五　编辑部的活力与凝聚力

谈了十几个题目，但也只说到杂志编辑的一半。另一半是什么？另一半是编辑部。没有一个向上的、充满活力的编辑部，编辑部不具有很强的凝聚力，任凭你主编先生有满腹经纶，也无法施展。

怎样管理编辑部这个群体，使群体成员向上、充满活力呢？

让大家愿意在你那里工作

让大家愿意在你那里工作，这是最起码的一点，是前提。一般来说，我们每个人做工作，都想有所作为，都想在工作中得到发展。有的人勤勤恳恳、埋头苦干，希望在工作中不断进步；有的人好学不倦，刻苦钻研，希望成为他那一行的里手；有的人希望领导看到他的工作、他的成绩，受到重用……这些都是可以理解的，无可厚非的。简单地说，只有允许个人的发展，重视个人的发展，而且，在你那个群体中，个人真的得到了发展，人家才愿意在你那里工作。从这一点出发，一个编辑部应该明确提出：提倡在集体事业发展的前提下，个人也得到发展。这里有一点要注意，我们主张个人得到发展，但强调要有个前提，必须首先是集体，是集体事业的发展。集体的事业发展了，个人也得到了发展，这种人有出息。我讨厌为了个人发展不顾集体事业的行为，我讨厌把集体事业当做个人发展的工具。

主张让个人得到发展，不能只是停留在口头上，应该有行动，切实采取措施，让群体的成员感受到，这一点至关重要。

1. 忙里偷闲挤时间

在一个编辑部里，编辑最需要的是什么呢？时间。一般来说，不论是从事教学、科研还是做编辑工作的同志，应该说他们的水平不相上下。无非是因为机遇不同，有人去学校，当了教师；有人分到研究机关，专业科研；有人则做了编辑。三项职业，各有艰难，但相比起来，编辑的时间最紧。他们八小时内"为他人作嫁"，利用业余时间著书立说，颇为不易。所以有"人心思校"、"人心思所"之说。

有人会说，你搞好编辑工作就行了，何必还自己加码"著书立说"呢？说这种话的人叫不了解中国国情。做一个编辑，光为他人编好书稿，是很难被社会承认的。君不见，编辑在评高级职称时，赫然在目的一条就是问你有什么论著。这就足以调动编辑同志挑灯夜战了。而且，读者心目中的伟大编辑茅盾、叶圣陶、冯雪峰、周振甫等，哪位不是因为著书立说知名社会？鲁迅也编过刊物，我们也把鲁迅算上，如果他们不是著作等身，谁会知道他们？今后的人，也许不再这样要求编辑，那是今后的事。今天，我们还得说今天的话。这是从消极方面说。从积极方面讲，有许多编辑确有真才实学，应该给他们时间，让他们把自己的心得体会写出来，以服务社会。

有一点自己的时间，这恐怕是一个编辑的最大愿望了。

要让大家安心干，就要设法解决这个问题。

但谈何容易！做书稿编辑不易，做刊物编辑更不易。编书稿，早三天，晚五天，没有多大关系。编刊物就不行了。一本月刊，周期只有两个来月，一环扣一环，每个程序只有两三天时间，怎么能拖？到了规定时间，稿子发不到工厂，影响工厂的时间表，人家就不给你按时出刊。三次五次拖期，你的刊物信誉不就完了吗？所以，有时人家放假了，编刊物的人要加班。特别是出版社办的刊物，有时校样正赶上年三十，或者"十一"前夕要退厂，眼看着图书编辑进出商场，忙着采购，刊物编辑还得塌下心来，一个字一个字地看校样。在这种环境下面，坚持工作，保质保量，实在得有点精神。

现在许多编辑部的工作，几乎都是分兵把守，分栏目负责，到发稿时每人凑齐自己栏目的字数、篇目，只要这一期的稿子没发走，随时都可能要某一个栏目的编辑再拿出稿子来。虽说自己的稿子一交就可以安排其他工作，但毕竟安不下心来，也无法集中精力。

针对这种情况，我们把现在这一个大组分成两个小组，一个小组连续编三期。在这三个月中，不当班的那个组，除看校样、设计选题、组织稿件外，可以自己安排时间读书、写作。根据我们的实践，不当班这三个月，大概可以有一个半月的时间归自己用。一年两次，大概就有三个月的时间归自己用。三个月，很可观了。

这是把活集中起来干的方法。忙，在三个月里集中忙；忙过之后，可以用自己省出来的时间读书、写作。这一决策，行之有效，深受欢迎。

我们又根据办公室人多、互相干扰、效率不高的情况，采取轮流坐班制。每周来四次，中间两天两组交叉，可以讨论些共同的事情，其他两天可以在家看稿，一周之内，又可以省出一点时间来。

这样做对编辑们大有好处，但却给编辑部的领导增加了困难。道理很简单，部下在眼前，指挥起来方便，调动起来及时，但为了大家的利益，实际上也就是为了使大家工作起来更方便，效率更高，领导应该尽量适应变化了的情况。

2. 该出名就得让人家出名

该提拔就得提拔，该出名就得让人家出名。分成两个编辑小组以后，两个小组的负责人都是参加工作只有三年的大学生。很年轻，但他们不甘落后，各显神通。两个组变着法子，一个比一个选题设计得好，一个比一个编得好。显然，两个组的负责人是编刊的主力，但他们还年轻，刊物的编委会没有他们。"应该请他们进编委会"，这个提议遇到了很大阻力。中华书局是个老牌出版社，当了二十年编辑仍然评不上高级职称的大有人在。《文史知识》虽然是个知识性的小刊物，但它在学术界的知名度不见得比学术性的大刊物小。现在的编委多为知名教授、研究员，让两个毕业只有三年的青年人做编委，很多人不表赞成。

"刊物就是他们编的，能编出好刊物的人为什么不能是刊物的编委？"这实在无法解释。经过多次努力，这个提议终于得以实现。

　　两个年轻人成了编委，当然给他们带来了荣誉，但对于他们重要的恐怕还不在于编委这个头衔，重要的在于任命他们做编委，也就是肯定了他们的工作，使他们在心理上得到了平衡。

　　两个年轻人跻身于名家行列，责任心更强了，做得更好了，这个结果，对于整个编辑部还有更为现实的作用。我们总是绞尽脑汁，千方百计地保持群体的士气，然而要保持稳定高涨的群体士气，没有比群体成员直接见到"士气"带来的结果更有作用的了。

　　总结一下我们的体会，可以看到，给每个人创造一个好环境，让他们愿意在你这里工作，看起来似乎是给大家解决点困难，实际并不是这么简单。根据他们的需要，理解他们，体谅他们，设法帮助他们，使他们感到被尊重，受关怀，他们劲头更足了。这实质是从内因方面调动他们的积极性。我们现在的管理工作，多半强调的是工作纪律、岗位责任、指标考核、规章制度等等，这些无疑是十分重要的，但还不免过分强调了外因，认为力量来源于外部的管理。在谈辩证法时，大家都知道外因是变化的条件，内因才是变化的根据，在运用这一原理时，怎么能忘了呢？

确信自己能赢

　　有了可以发展的环境，并不等于就能发展了。要培养每个成员的"挑战精神"，无论干什么，都确信自己能赢，千方百计地去追求最佳方案的实现。

有些事情是颇令人深思的。在体育史上，人们曾经认为四分钟跑完一英里是超过人类的体能的。结果，运动员受到这一观点的影响，相当长时间没能突破这一成绩。美国运动员罗格·本尼斯特不相信这一点，他奋力冲击，终于跑出了第一个四分钟一英里。受这一胜利的鼓舞，全世界的运动员开始跑四分钟一英里，澳大利亚运动员约翰·兰狄在本尼斯特的突破后仅仅六周，也跑出了四分钟一英里。到目前为止，全世界已不知有多少运动员跑出了四分钟一英里。四分钟的纪录突破了，其实，人的体能并没有发生多大变化。这说明障碍是在人的心理上，而不是由于人的体能的限制。

关键在于追求。"取法于上，仅得为中，取法于中，故为其下"，中国古代的追求哲学是很宝贵的。

我们在组稿时，总是强调"名人写名文"，找到对这个题目最有研究的人写，不论他在天南地北，不论他职位高低，一定要找到，否则总不甘心。写《清朝的绿营》，请罗尔纲；写近代史，请金冲及；谈《诗经》，请余冠英；介绍古文字，请李学勤；讲魏晋南北朝史，请周一良；谈神话，请袁珂；写佛教知识，请赵朴初；讲隋唐文学，请林庚、傅璇琮；说词，请夏承焘、吴世昌；讲民俗学，请钟敬文；讲古代音乐，首推阴法鲁先生。就算读者提出的一个很小的问题，我们也要请专门家来回答。一位读者来信问："'二十四史'是不是二十四个朝代的历史？"我们请来研究"二十四史"的专家、"二十四史"新点校本的主持者赵守俨先生回答。请这些大专家给你这个小刊物写文章，谈何容易。但"只要追求，就有成功的可能"，这成了大家的信条，这一切到底都实现了。

有的同志问，如果你们都这样组稿，怎么受得了？我们的编辑说，如果不这样做，怎么能组到最好的稿子？怎么能提高刊物的声誉？

人有追求，也就是有愿望。愿望宛如强力的磁石，使人热衷，使计划得以推行，使道路畅通，使你最后达到目标。愿望，理想，实际上是连结群体中每一个人到达目标的感情上的纽带。《文史知识》是个小编辑部。四个刚毕业一二年的大学生，两个毕业三四年的大学生，两个40岁出头的中年知识分子，平均只有30岁。干，确实不容易，大家都没有经验。但干就有两种可能，干不成或干成；不干，却只有一种可能。《文史知识》三周年时，我们要利用这个机会，宣传一下刊物，请了在京的五六十位专家学者、各界读者来评论刊物，会开得很成功。过去，这类的会开完也就完了，为了追求最佳效果，我们又把有代表性的发言整理出来，分别寄送报社，结果一两个月内，有三篇评论《文史知识》的文章在报纸上发表：黎澍《普及文史知识与建设精神文明——推荐〈文史知识〉杂志》，发表在《人民日报》上；唐弢《学习历史，建设社会主义精神文明——推荐〈文史知识〉杂志》，发表在《光明日报》上；宋振庭《发人深思的三个数字——谈谈〈文史知识〉月刊》，发表在《文汇报》上，一时间，掀起了一个宣传高潮。我想，这样一些大人物推荐这样一本小刊物，在中国期刊史上恐怕是前所未有的吧？

五周年纪念时，还是这几个人，居然请来三百余人开了一个大型讨论会——"八十年代我们怎样治学"。茅以升、李一氓、黎澍、邓广铭、刘杲、金克木、廖沫沙、启功等等领导、学者都来参加了;周谷城、许德珩、周培源、臧克家、钟敬文、阴法鲁、周振甫、余冠英、吴世昌、金开诚、李泽厚诸位先生送来贺诗贺词,中央电视台专门派人拍摄了专题节目《五载辛勤花满枝——庆贺〈文史知识〉五周年》,可谓"盛况空前"。当然,这是很操心、很累人的活动。这几个人,同时组织纪念会、座谈会、拍电视,还要照样按时发稿、校对。但干下来了,干得很好。我们这个小集体也在繁忙中、在前进中、在一次次的胜利中,凝聚成一个亲密的集体。

"和为贵"不应成为信条

一篇文章要有个性,否则就没有必要写;一个人要有个性,否则人云亦云,活着该多乏味?一个编辑部也要有个性,有风格,而这个个性、风格正是由编辑部成员诸多个性、矛盾统一在一个群体中形成的。和五音而为美乐,和五味而为佳肴,五音、五味正是诸多矛盾,"和"是矛盾统一。现在我们维系集体总是强调"和为贵",实质上把"和"看成唯一的信条,五音、五味都不允许存在。所以"和为贵",常常要求个人妥协,结果不免要扼杀个性,扼杀个人特点。

一个群体中间要提倡讨论,提倡各抒己见,提倡争论。现在我们一个出版社、一个杂志社的组织机构,多为编辑部——编辑室——编辑组。它的最大特点是一元化地行使权限,下级服从上级。这在其他部门,也许行之有效。在编辑部门,则有许多弊病,久而久之形成了上级怎么说,我就怎么办,上级没有说，我也不必干甚至不敢干的局面。人的智慧和才华被这种服从体制渐渐减弱，以至扼杀。退一步说，一个主编他有多大本事呢？他政治上强，他学识渊博，他认识问题全面，但他也是一个人，不可能有那么多生动、活泼、可贵的点子，尤其是随着年龄的增长，他的活动面渐少，他的思考方向更趋集中，思维不可能如年轻时一般活跃，没有集体的辅翼很难保持刊物的清新和活泼。

据美国著名经营家、心理学家 D.马戈莱加研究，他认为产生这种体制的根源在于对人的本性的认识，这种理论大约有三个特点：

①大致上，人生来都是讨厌工作的，都希望尽可能不做工作；

②大致上，由于人讨厌工作的天性，如果不用强制、统治、命令和处罚手段，他们就不会为企业的目标主动努力；

③大致上，人喜欢被命令，因为他们希望回避责任，最愿意保平安。

从这种研究的结果可见，这种上下服从的组织形式，是以对组织成员的不信任、按中国的哲学来说也就是人性恶为前提形成的。而维持这种形式，就只有靠权力、靠职务。发展下来，对群体成员的评价就看其是否"高效率、忠实地执行规定和安排"了。这样一来，当然用不着讨论、研究和争论了，就只有强调"和为贵"。

事实上，在竞争激烈的现代社会，很多人已经看到旧的工作方式，等待层层下达指令的方式已经明显地落后于形势了。在出版社、杂志社里，已经出现各种承包形式：承包一项任务，承包几项指标等等，实行优化组合，实际上是使集体更为机动，更为灵活，更加发挥群体成员的主动性。当然，这种承包形式利弊互见，得失皆有，毁誉不一，但要求试验、要求探索，说明人们要冲破旧体制的强烈愿望，说明一种新的组织结构形式已经不远了。

引起讨论，进而争论，是解决矛盾的一个重要措施。因为在论辩中才能发现最好的方法，才能集思广益。在讨论问题时，对部下要注意如下五点：

①领导要虚怀若谷，让部下说话。部下说什么，你都明白，你都懂，甚至总习惯地说："是这样，我早就说过嘛！"这个话外之音就是："你想的问题，我早就想过了。"部下感到领导总那么"高明"，他当然就不愿意再费力气去想，去建议了。

②对有合理因素的建议，要赞赏，并帮助部下分析其利弊，帮助其完善。年轻部下的建议不完满，有漏洞，在所难免。对他们煞费苦心考虑出来的主意，不要轻易否定、指责。有的领导对部下的建议，总要挑出几条毛病来，真是再傻没有了。

③一定要注意扬他人之美，切不可贪人之功为己有。部下的好建议要表扬，否则，什么都是你的功劳，谁还愿意再动脑筋想办法呢？刊物的主编要想开些，要有大胸怀、大气魄。刊物办好了，不就是你主编的最大的功劳吗？如果大功、小功全都记在你的功劳簿上，那么，对不起，你自己去干吧。

④有些领导爱独揽信息，因为只有掌握信息才能作出判断，采取行动。爱独揽信息的人，常常是缺乏才气、缺少方

法的人。他靠着独占的信息，弥补自己贫乏的组织能力和规划能力。其实，信息交给部下，部下利用这些信息能设计出三个五个方案来，比自己独占着不是强多了吗？

⑤要给部下压任务，向部下挑战，要不断提出目标、提出任务，要求部下追求完美，蔑视眼前的利益。毫无疑问，在向部下压任务时，在一件工作刚做完又布置了另一件工作时，部下会感到紧张，有时不免小有牢骚，但这没有关系。当工作完成，当看到自己的努力结出来的美好果实，特别是紧张了几年之后，自己成为一个能干、有才气、富于上进心的人才时，其快乐是可想而知的，到那时，他会感激给他压任务、要他追求完美的领导的。

编辑部里的年轻人

转瞬间《文史知识》创刊三十周年了。想当年《文史知识》的青年朋友在创业中学习，在工作中结成战斗情谊，紧张而快乐。今天，回想三十年的历程，这些年轻人当年的奋斗身姿一一呈现在我的眼前，让我兴奋和快乐。"相知未变初衷"，我用我的回忆，表达我对共同奋斗的年轻朋友的敬意。

"管家"华晓林

《文史知识》的"管家"是华晓林。《文史知识》没有什么钱，也没有"小金库"，有点钱也就是这期一个"补白"五元，那期一个图片三元，因为是编辑部人自己做的，就留下来充公了，日积月累，有那么几百元钱。这几百元钱因为是"日积月累"，又少，谁也不当回事，但华晓林却能记录、保存得清清楚楚，一分不差。难得。

我第一次认识她是在她分来总编室工作的那天早晨。人事处的同志陪着她来到办公室，介绍过后便走了。当时总编室负责人是俞明岳。俞老先生，原本是公私合营前中华书局股东之一，有点中华书局的股份，"文化大革命"中没收不算数了，但后来落实政策，政府又发还了，说是有几十万元，有的说二十多万，有的说三十多万，谁也说不清。在上世纪70年代，二三十万可是一笔大钱，比今天二三百万威力还大。这俞老先生为人极好，《文史知识》创刊号，他出资买了1000册，送人。那时还没有"赞助"一说，我常想，就凭俞先生这一壮举，《文史知识》要记他一辈子，感谢他一辈子。

我刚到总编室时，因为只有一间办公室，我坐在老先生对面。老先生对我说："从今以后，打水、扫地、擦桌子归你。"那当然，老先生那时也有六十多岁了，这些事当然该我干。

话说回来，人事处同志一走，俞老先生便对华晓林说："从今以后，打水、扫地、擦桌子归你了。"我愕然，想笑，难道我出师了？因为只有一间办公室，华晓林的办公桌就打横在我和俞老先生的办公桌旁了。

华晓林穿一件半长的粗呢外套。清秀，话不多。那时也就二十出头。一早来了就打水、扫地。有时我来得早，就把水打了，地扫了。没听她谢过，眼神却瞟着我笑笑。

后来，办《文史知识》，我就把她拉过来，让她负责所有编务的事。

她最主要的一项工作是负责刊物的装帧设计，后来《文史知识》在设计上的庄重、大方、书卷气的风格，就是从那时候奠定的。

她没有学过美术，也没学过装帧设计，但她能借重懂行的专家，比如曹辛之、张慈中、范贻光、王增寅、杨华如等，她都请来出谋划策、帮她设计。渐渐地她也很在行了。

我曾写过一篇谈刊物版式设计的文章，题目叫《版面建筑师的威力》，文中说："我常想，一个版面设计者好比是一个建筑设计师。他面对一片'空白'，要把手边的'建筑材料'（文章、标题和图片等）安排妥当，就如同建筑设计师，要在一片荒芜的土地上建筑起高楼大厦一样。"这段感想就是从华晓林的实践得到的启发。

　　她是学历史的，把自己的所学努力应用在版面设计上。有一篇《投壶趣谈》的文章，介绍古代的投壶活动。她遍翻资料，找来河南南阳市卧龙岗汉画馆的投壶石刻画。画面上一只壶，壶两面各有一人正在抱矢投掷，两人之旁，一大汉席地而坐，醉态毕露，一望而知他是投壶场上的败将，多次被罚酒，已不能自持。这幅汉代石刻画配得多么好。看了这幅画，对汉代投壶游戏就很容易理解了。

　　华晓林对刊物版面的细微处很是用心，看出她对刊物的热爱。《文史知识》上有一些装饰图案，很是古色古香，很适合刊物风格，最见特色的是版头、尾花。杂志一般都分栏目，栏头有时要加一个图案，叫做版头。文章结尾，剩下一二百字空白，点缀一个小图，称为尾花。版头、尾花都是很细微的地方，华晓林在这方面很动脑筋，版头常用篆刻图章，每期变化不同；尾花常用动物肖形印，生动有趣。一图之微，常得读者好评。

　　编辑部里比她年龄小的、比她年龄大的，都管她叫"小林兄"。透着亲切和对她的尊敬。她父母都已去世。姐姐在美国搞研究，做着联合国的项目。妹妹在美国读书、工作。问她，你一个人，为什么不去美国和姐姐、妹妹在一起呢？

她笑笑说，我还是守着家吧。一只鹰（姐姐叫小鹰），一只燕（妹妹叫小燕），最后都还是要回到林（小林）中来的，这是命运的安排。

后来，她升任《文史知识》编辑部副主任。再后来，中华书局成立了一个方志办公室，需要一位踏实、肯干、有经验、懂历史的人负责，她便离开《文史知识》编辑部，到那里去做编辑室主任了。

风华正茂的余喆

余喆是《文史知识》元老之一。他来《文史知识》工作，颇有些偶然。

《文史知识》创刊之初，需要一个专职校对。中华书局有校对科，兵强马壮，能校中国古书，能校"二十四史"，那水平还能差吗？但《文史知识》是月刊，给校对留的时间很短，按一般书稿流程，来不及，非专设校对不可。我们就请书局出版部推荐一位能干的校对。一天，我在中午休息时到楼上校对科，想先见见他们推荐的那位校对。敲门而入，室内几位正在打扑克牌，没人理我。他们有的脚蹬在桌子上，有的激动地甩着牌，旁若无人。只有一位个头不算高的小青年过来和我说话，很有礼貌地问我，找谁。问答有致，彬彬有礼，告诉我我要找的人没在。他的做派与旁边几位大战扑克的人形成鲜明对照，我十分中意。心里就有了倾向，回去和有关同志商量，就把他调到了《文史知识》编辑部。他就是余喆。那位上面推荐的人没来，认都不认识的余喆来了，这不是偶然吗？但他的素养让我喜欢，这又是必然。缘分让我们一起工作了十来年，共同经历了《文史知识》创业之初筚路蓝缕的艰难岁月，结下了常人难以理解的友情。

"青春的岁月是人生最怀念的岁月"，这是余喆在他的一篇随笔《风华正茂的歌声》中的一句话，这句话颇勾动我的心弦。

余喆来《文史知识》后，就什么都干起来了。既是秘书，负责稿件收发，信函往复，又管校对，又负责跑厂，他就是半个编辑部。

办刊物，尤其是月刊，按时出刊是头等大事。那时的印刷厂奇货可居，不像现在是买方市场，全国高、中、低档各色印厂一二十万家，此处不给印，自有给印处。那时可不行，印厂看不上你，你就惨了。余喆逐渐摸清规律，他看出来要想让人家服务好，首先要给印厂"服务"好。这"服务"不是请烟送酒，而是工作的配合。印厂那时主要还是铅排，工作量大，工人工作很辛苦，所以要求也多。稿件一定齐清定，不可换来换去；版式一定合理、明白，不可倒来倒去；插图一定事先制好版，不可拼版了，插图版还没制好。余喆很快就弄明白了其中的要害，三个环节做得干干净净，利利索索，深得工厂师傅好评。因为活做得好，《文史知识》稿件一到，立马排版，从没有因为编务拖过期。

后来，我们和新华厂排版车间的师傅成了朋友。一次，余喆张罗着请排版车间师傅聚一聚。我、黄克和余喆，差不多就是全编辑部了，一起在西单曲园请排版车间调度严征祥师傅吃饭，那就是朋友之情了。

余喆十分用功。当时《文史知识》编辑部只有四个人，每个人都得文武全才，余喆十分注意在工作中学习。他为给"怎样欣赏古典诗词"栏目组稿,去拜访美学大师宗白华先生。事前找来宗先生的著作认真阅读，做足了美学功课。见到宗先生，便向他请教"中国诗的艺术意境"的特点，请他讲"中国山水画与山水诗的关系"。老人在家很寂寞，见到有中华书局的编辑来访，来访者所问在行，又是他一肚子心得的中国美学问题，便侃侃而谈，上下古今，妙语如珠。余喆还背诵了宗白华先生的得意之作《流云》："诗从何处寻？在细雨下，点碎落花声；在微风里，飘来流水音！在蓝天末，摇摇欲坠的孤星……"老人更为激动，欣然应约，很快就给《文史知识》寄来稿件。

　　又有一次，他陪我去古典文学专家蒋和森先生家里拜访。蒋先生很有学问，年轻时写就《红楼梦论稿》，坊间传诵，名满天下。由于蒋先生是夜里工作，上午休息，我们便11点多如约而往。蒋先生用功甚勤，在研究唐代文学之后，完成《中国文学史》的编撰，又开始小说创作。我们访问的时候，他正在写作长篇历史小说《风萧萧》、《黄梅雨》。出来之后，余喆十分感慨，看到蒋先生十分瘦削，比实际年龄苍老许多，感到做学问之不易，但他又从中悟出，做学问就得像蒋和森先生这样上下求索，不怕憔悴。后来，他四处求寻蒋先生的著作，提高自己。

　　就是这样努力，余喆很快也可以作编辑工作了。

　　早期，《文史知识》编辑部只有四五个人。余喆年轻，脑子活，看我和黄克忙于组稿、编稿，便在经营上动脑筋。

一次，我们得知周振甫先生在甘家口物资部礼堂讲授古典文学，余喆便约上黄克、胡友鸣三个人，一人一辆自行车，每人车后驮一包《文史知识》，顶着夏日正午的太阳，去现场售书。没用二十分钟，所带之刊物全部售光。他说得好，这售书不是卖几十本刊物的问题，而是扩大宣传的手段。那时走出去营销在中华书局还是新生事物，很惹人关注。回程时，见路旁一小饭馆正在卸啤酒，三个人跑进去，一人一升，痛快淋漓，边喝边筹划着下一个活动。至今回忆那段往事，余喆还不忘当日的豪情。

日月如梭，二十多年过去了，那真是不能忘怀的岁月，不可复制的生活啊！余喆说：转瞬间离开《文史知识》十七年了，每当长夜灯下，对着披霜的双鬓悠悠地回想，仿佛自己又骑着自行车，车后架上夹着刚刚编成的新的一期《文史知识》稿件，在淡淡的景山故宫两旁的槐树花香中，驰向工厂……

今天的余喆虽然不复当年的清秀，不复当年的乌发，但生活的磨炼、工作的拓展，却使他更加成熟和稳重。

第三任掌门人胡友鸣

说到友鸣，他也算《文史知识》的一个"元老"了。他在《文史知识》只有四个人时就来到编辑部了。但那时他还是在北京大学中文系毕业前来实习的学生。

后来给我印象很深的是一件小事。刊物创刊不久，为扩大影响，我们便带着《文史知识》及中华书局出的一些书去北大三角地销售。正值北大吃午饭的时候，很多学生端着饭碗，一边吃，一边翻着刊物。有一个学生问："饭票要不要啊？"我想，我们要你们的饭票有什么用啊！开玩笑吧？这时一个声音说："行，你买吧，可以用饭票。"回头一看，正是北大实习生胡友鸣。我很高兴，心想，这小伙子倒很热心，顿生好感。从远了说，这真是为读者着想，学生吃饭，没有带着钱；从近处说，他对刊物真有一份热情，想办法推销。

后来，他就留了下来。这一留就是大半生。从毕业前的实习开始到今天，最终成为《文史知识》第三任"执行主编"，算起来他已在《文史知识》干了二十八九年。他说，《文史知识》创刊后的第二期校样他看过。那还真如他自己所说："《文史知识》多大，我在《文史知识》年头就有多大。"

抛开一切成绩不谈，单从对《文史知识》的坚守，我也愿意为友鸣写上一大笔。这种坚守，不是指岗位的坚守，不是指头衔的坚守，而是对《文史知识》风格、精神的坚守。这在他"掌门"的十三年中体现尤为突出。

《文史知识》的组稿原则：名人写名文。写这个题目的一定是研究这个题目的"名人"，也就是专家。这个专家写出来的文章，够不上"名文"，一定退改。既不要给刊物丢人，也不要给他自己丢人。落实这个原则，大概就是《文史知识》受欢迎的一个原因吧？后来我们都走了，友鸣仍然坚守着这一原则。

有一次，刊物决定介绍《山海经》。谁能写，友鸣说：当然是四川的袁珂先生，他是中国著名的神话研究专家。于是友鸣便给袁珂先生发了一封组稿信。很快，袁先生便寄来他打算写的文章的提纲，还有一篇已经发过的文章。那意思是说，如果你们急，发过的你们可以再发一次。胡友鸣不肯通融，他说，别家刊物已用过，我们《文史知识》不能跟着用。可是，如果等着袁先生写就不知哪年哪月了。换其他人再写，没有袁珂先生写的有影响，于是，友鸣亲自动手。他找来了一批袁先生发过的文章，参照袁先生的提纲，用袁先生即有的观点，尽力体现袁先生的语言风格，很快就又写了一篇，然后寄给袁先生过目。袁先生很是感动。后来，袁珂先生到北京开会，专门到中华书局《文史知识》编辑部答谢，说，没见过这样的刊物，没见过这样的编辑。

这种事例太多了。比如，要找人写王安石变法，友鸣坚持要请宋史专家邓广铭先生；邓先生太忙，他们就请另一位宋史专家漆侠先生。要写魏晋文学，请徐公持先生；要谈文字训诂，请许嘉璐先生；介绍南阳文化，就跑到南阳市与当地政府合作；要了解近代按照先进理念规划建设城市的典范南通，了解清末状元张謇，就去南通市办"南通专号"，等等，都是在《文史知识》的传统风格上发扬光大，恪守着"大专家写小文章"的作法。

友鸣不断想办法跟上时代的脚步，满足读者对信息的渴望。南京大学文学院教授，《文史知识》老朋友卞孝萱先生在纪念《文史知识》创刊三十周年的文章中说：《文史知识》不固步自封，在固定的篇幅中，不断拓展内容，"信息与资料"专栏就是一扇窗口，一道风景线。诸如"研究动态"、"论文摘要"、"图书推荐"、"出版通讯"、"学术会议的报道"等等，五光十色，引人瞩目（《文史知识》2008年第10期）。这一个个栏目，就是一个个窗口，读者用起来很方便，友鸣和他的编辑同事则不知要耗费多少心血设计啊！

穿白衬衫蓝裙子的张荷

《文史知识》还有两位女士。一位是马欣来，一位是张荷。马欣来是北大中文系1984年毕业生，张荷是北大历史系1984年毕业生。一起分配到中华书局。一起到《文史知识》工作。一个是年底生，一个是转年年中生，差了半岁。

第一个来报到的是张荷。那天是7月28日，至今我都能记住这个日子。因为这里面有一个小故事。本来他们9月1日报到上班就可以，她却早了一个多月。我就说："还没到日子啊？念了那么多年书，很辛苦啊，今后可没有寒暑假了。"她说："我就是想今天报到，今天开始上班。"我听出来话里还有内容，便问她为什么？她不好意思地说："今天是我的生日。"我顿时喜欢这孩子了，她要把她的生日这一天，作为人生的又一个"开始"，可见她多么看重她走入社会的这一份工作。

我真诚地相信，这一有意义的开始，会给她带来一个美好的未来。

有的同事告诉我，张荷来报到时，穿着一身中学生校服一样的衣服。上身白衬衫，下身蓝裙子，人又长得精致小巧，咕噜噜的眼睛，透着机灵。

这是二十多年前的事了。今天的张荷依然那样年轻，依然那样机灵，但那"好"的开始，还真有了好的结果。

前些天，三联书店出版了龙应台的《目送》，很畅销，居然发了 50 多万册。打开版权页看，责任编辑是张荷。还有一本瑞典人林西莉（即塞西莉亚·林德奎斯特）写的《古琴》。一个外国人研究中国文化，居然又研究到中国特有的古琴上来，而且此书在中国读者中颇受好评，第一次就印了 1 万册，刚过了几个月，又重印了。一问，原来责任编辑也是张荷。这位瑞典作者研究中国文化多年，还在北京大学读过书，在北京古琴研究会学过古琴，虽然不能用中文写作，但说汉语没有问题。她 1989 年在三联书店出版过《汉字王国》，很受欢迎。《古琴》完成，她特地请了中国人把她用瑞典文写的《古琴》译成中文，很有信心地再一次将自己心爱的书稿，交中国的三联书店出版。稿子落在张荷手上。她认真通读书稿，仔细校对史料，改正了作者对中国文化理解的许多错误。当作者看到张荷几乎把她的稿子改花了，顿时哭了。

　　"我怎么会有那么多错误！"不信。

　　还有学者的尊严。那是她对中国古琴产生深深的热爱，写出的一部心爱的著作啊。

　　作者说：

　　　　我轻轻地拨动古琴一根弦，它发出一种使整个房间都颤动的声音。那音色清澈亮丽，但奇怪的是它竟还有深邃低沉之感，仿佛这乐器是铜做的而不是木制的。在以后的很多年里，正是这音色让我着迷。

　　　　许多优秀的琴师不是高僧就是哲人，弹奏古琴之于他们乃是自我实现的一种方式，正如参禅，是解脱自我、求索智慧的一种途径。而对于满怀疲惫的官宦、贬谪流放的官员，或者贫寒的诗人来说，弹琴又能帮助他们逃避冷酷的现实，回归平静祥和……

我是这样热爱，又有如此深刻的认识，我的理解还会不对吗？

作者又去社会科学院请专家帮她看稿子。社科院的专家十分认真地复核了张荷的改正之处，对张荷说："你改的都对，真下了功夫。"随后，专家又给作者写信，告诉她："请你放心，编辑帮你修改得很好。"

这时作者的心态平和了，她把改正稿与原稿一一比对之后，对张荷感谢万分。她明白了，是张荷的编辑加工，大大提高了《古琴》一书的质量。

她明白了，她碰上一位好编辑。

问张荷，何以如此用心？

她说，这是《文史知识》打下的基础。

张荷的父亲是北京师范大学历史系的教授，母亲在历史博物馆工作。她从北京大学历史系毕业后，来到中华书局，心里想着进古代史编辑室，看历史书稿，渐渐地熟悉某一领域，成为历史学科某一领域的研究者，然后写文章、写书，走中华书局编辑崇尚的"学者型编辑"的道路。可是中华书局领导分配她到了《文史知识》编辑部。她仍然高高兴兴地报到。

"我感激《文史知识》对我的培养，这个培养是全面的。我如果到了历史编辑室，一两年也不必想选题的事，因为一部书稿几百万字，可以忙活一两年。我不必一字一句去审校原稿，古人的原著还能改吗？但《文史知识》，是月刊，一期三十多篇文章，总逼着我去想选题；一篇文章三五千字，读者一目了然，编辑必须一字字审读加工。就是这份编辑工作，把我培养成一个职业编辑。"

中学时便著文质疑红学家的马欣来

马欣来报到时，我问她为什么要到《文史知识》工作？她说了她的想法，很真诚。可是当我了解了她的情况：北京大学中文系84级高材生，学习成绩优秀，人又长得亭亭玉立，家庭条件又好，我就嘀咕起来了。心里想，这人条件这么好，《文史知识》这个小刊物恐怕留不住她。镀镀金，有个经历，不是出国就是考研究生，走了，与其如此，不如不来。

我便说："《文史知识》条件不好，人少，工作条件差，你看这办公室又挤又乱，不如到其他编辑室。"

她说，喜欢这份工作，一定会好好干。不怕条件差。

我说，你再考虑考虑，免得走弯路，浪费了时间。

记得谈了不止一次，具体说的什么多记不清了，总之都是劝她别在这儿干，理由是这里条件不好。

最后，我见她主意不改，言谈诚恳，明事达礼，就诚心诚意地说："要说《文史知识》条件不好，也是事实，但那只是一个方面，《文史知识》也有好的地方。比如，这里特别锻炼人。中华书局其他编辑室，一部书稿，从组稿到见书，总得两三年时间。而《文史知识》从组稿到出刊，一个周期也就两个多月。两个多月就能见到自己的劳动成果，知道你的策划是否受读者欢迎，能够及时总结、及时调整，那种锻炼不是一部校点书稿可以相比的……"

后来，时间长了，我真正明白了马欣来到《文史知识》工作的原因。

早在1980年，马欣来还是北京景山学校高中二年级学生的时候，就写出《〈秦可卿晚死考〉质疑》一文，与当时小有名气、任《红楼梦学刊》编委的戴不凡商榷，红学界啧啧称奇。这篇文章很得红学家冯其庸的欣赏。冯先生便和她的老师说，马欣来不用考大学，直接作他的研究生吧。马欣来没有同意，坚持参加高考。大学毕业时，一些大报大刊，一些研究单位、大学都有名额，她执意要到中华书局来。她说，单位名气大小，条件好坏，都不是主要的，重要的是工作有意义，有干事的环境。后来，果然验证了她的话，在《文史知识》一干十来年，此是后话。

没过一年，马欣来就成了《文史知识》的骨干。

她最大的长处就是能组稿。不论什么大专家，她一出马，稿子便组来了。有人会说，说一个编辑会组稿，"就好像说一个会计会写数字，一个管家不贪污一样"，这话可就说得轻巧了。稿子可并不是在等着你，也并不是谁都组得来的。而且，对于一本刊物，能组到重点人物的重点稿件，那几乎是刊物得以办好的保障。

著名学者李泽厚，忙，各种刊物都请他写稿，《文史知识》需要请李先生与青年学生谈谈"八十年代怎样治学"，就决定要陈仲奇去组稿。陈仲奇不敢贸然前往，便托人帮忙。李先生摊出一大堆活儿，婉拒了。李泽厚是著名美学专家，青年导师。由李泽厚来谈八十年代怎样治学，一定很有吸引力。于是又派马欣来再去组稿。也不知道马欣来都说了什么，李泽厚欣然同意，没过多久，便交来《新春话知识——致青年期友们》一篇大文。陈仲奇佩服得五体投地。著名学者、北京大学教授金开诚先生曾说："《文史知识》的马欣来真了不得。她请你写稿，你没办法不写。"

今天想想，能组稿主要不是靠能说会道，而是靠懂专业，靠能和专家学者对话，交流。专家学者认为你懂行，说到点子上了，信任你，于是愿意给你写稿。当年，马欣来写了《〈秦可卿晚死考〉质疑》，深得"懂行"的冯其庸先生赞赏。后来，马欣来研究王维的诗，写出《试论王维的佛教思想》，指出"王维是盛唐诗人中受佛学影响的代表人物"，他的确对佛教禅宗感兴趣，但王维的信佛有它特殊的原因，"佛教只是他理想破灭后的虔诚，他在无可奈何中把这废墟看作人生不可逃脱的归宿"（《陕西师大学报》1985 年第 2 期）。这个观点，在学术界总结 20 世纪佛禅研究的"述评"中，给予充分的肯定。她整理辑校的《关汉卿集》（山西人民出版社，1996），在《关汉卿研究百年评点与未来展望》一文中，同吴国钦、李汉秋等专家的考订研究成果一起，被称为此时期关汉卿考订研究的重要成果。她和胡友鸣合作编著的《台湾文化》一书，成为台湾文化大学教授江天健先生讲授台湾社会文化史，向学生提供的十余种参考书的第一种。

这些成绩说明了，当编辑，即便是周期短变化又快的月刊编辑，也是可以而且应该认真学习，深入研究，有自己的研究成果的。研究、著述使一个编辑的学识不断提高；不断提高的学识，促使编辑的素养更加成熟。一个学者型的编辑一定会得到作者的尊敬，而且会为读者编出高水平的读物来。

后来，由于工作的需要，马欣来先是调到全国古籍整理出版规划领导小组办公室工作，接下来又到现代出版社、中国书籍出版社任总编辑。每一个岗位都是兢兢业业，严格律己，得到领导和同事的信赖和赞扬。

快人黄松

编辑部里还有很多精彩的故事，有趣的人。比如黄松，他也是 1984 年大学毕业，不过他是武汉大学毕业生。他本来在中华书局总编室工作，但他不想在上面，而想到具体业务部门工作，就来到《文史知识》编辑部。他干活快，利索，交给他工作，总是一心一意很快做完。这在后来，他任全国古籍整理出版规划领导小组办公室主任时，发挥得更加充分。一件工作交给他，他一抓到底。到最后，不是你催他，而是他催你，是他在督促领导尽快落实。

他脑子快，聪明。1987 年，他陪我去山东出差。山东的朋友请我们吃饭时，我见到一盘扇贝又白又大，心想：这是扇贝吗？我们吃的多半小而黄（即干贝）。便问，这是什么菜？他立马说："杨先生，您没看清吧，这不就是您家常吃的鲜贝吗？"我听后哈哈大笑。这小子，脑子真快，真会说。他是怕我露怯，是担心别人笑我没见识。可是话又说回来，即便我见多识广，我那时月工资不到 100 元，怎么可能"常吃"又白又大的鲜贝呢？

黄松的大发展在他负责古籍办公室的时候。几年下来，全国古籍出版社没有不熟悉他的，他和古籍出版社没有不友

昔日编辑部里的年轻人。左起：黄松、余喆、杨牧之、张荷、胡友鸣、冯宝志。

好的，为什么？他能为他们排忧解难，干事又风风火火。他协调古籍规划项目，请专家办培训班，组织古籍社编辑研讨业务问题，探讨古籍整理与市场的关系等等，都是古籍出版社急于解决的问题。我想就是那句老话吧，想人家所想，急人家所急啊！

刘良富爬上了"鬼见愁"

还有"四川佬"刘良富。他是编辑部中年纪最大的，虽然从年龄上看他也许算不上年轻了，但在这年轻的集体中，大家都把他当作年轻人。他身体不好，弱不禁风，头总晕，所以常用风油精。我们一闻到风油精味儿，就知道良富来了。一次，编辑部去远游，登香山"鬼见愁"，良富下大决心，兴致勃勃地跟着去了。刚从山下往上爬，他就不行了，大家一边鼓励他，一边前拉后推，终于把他带上去了。他站在山上，极目远看，十分愉快，说："这是我这辈子登的最高的山了。多亏大家保驾啊！"说得大家哈哈大笑。因为香山"鬼见愁"海拔只有五六百米高。

但良富看稿子极为认真，见到拿不准的一定去查书，所以大家对他看过的稿子都很放心。

最近，听说他眼睛不好，视力很弱了，《文史知识》几位"老人"，都很挂念他，说，有机会去四川一定去看看他。

第二组组长陈仲奇

还有陈仲奇。他是复旦大学中文系毕业的，胡友鸣是第一组的组长，陈仲奇是第二组的组长。当初我设计分一、二两组，每组编三期，轮流，目的是让大家在月刊工作月复一月、年复一年的快速周转中有个喘息的时间，利用轮休的三个月，策划一下选题，读读书，以利再战。当然，分成两个组，客观上就形成了竞争的局面，各组都想干出特色来。今天回忆起来，这两个组竞争完全是靠选题，靠自己组的稿子，靠自己设计的一期内容，而不是别的什么。

所以，这种竞争是快乐的，是互相促进共同提高的。记得陈仲奇为了介绍民俗学知识，跑到民俗学大专家钟敬文先

2012年6月21日《文史知识》编委会暨《〈文史知识〉三十年》出版座谈会。前排左起：董晓萍、臧嵘、瞿林东、田居俭、黄克、白化文、徐公持、杨牧之、岳庆平；后排左起：张文斌、刘淑丽、于涛、李树玲、庄健、张荷、柴剑虹、李岩、胡友鸣、黄松、杨春玲、张妍、包亦心、陈若一、张珊珊。

生家组稿。那时钟先生年事已高，眼睛不好，写字也困难，亲自写文章已经不行，但先生头脑仍然清晰，思路仍然敏捷，写作欲望仍然强烈。陈仲奇为了拿到好稿子，把他们那三期编好，便一次次到钟先生家里去采访，由钟先生口述，仲奇记录，然后重加整理，形成文章。用这种办法，仲奇帮钟先生完成了两篇大作。钟先生的这两篇文章，深受读者欢迎，给刊物增加了分量。仲奇的苦心没有白费。

　　编辑部里和我一起共事过的还有几位，老大哥黄克，戏剧世家，南开大学华粹琛先生的高足，文章写得生动、幽默、妙趣横生。那时，我很羡慕他的举重若轻的文才，佩服他的大家手笔。他虽然在《文史知识》只干了一年，但那是垦荒辟土的第一年，他是开拓、奠基者之一，贡献大矣。还有后来的尹龙元、冯宝志、孔素枫、张文强，每个人都有很多故事，真是纸短情长，这几位只好留待以后再写了。

……

往事历历在目。谁怎样说话，谁怎样笑，谁上班来晚了会怎样说，谁组来一篇好稿子表情什么样，谁喜欢什么小玩意儿，谁跟谁好，谁喝了酒爱吹牛，谁玩棋爱悔棋……一切一切尽在眼前。这真是一个快乐的集体，一个向上追求的集体。在纪念《文史知识》三十周年的座谈会上，张荷说："那个时候在《文史知识》的工作状态和工作乐趣是后来无法复制的。"这话说出了大家对这个集体的怀恋、珍惜和感激之情。

什么是生活？有人曾经说过，生活就是梦想和兴趣的演出。这话说得真好。我们为了明天的梦想，曾放弃了无数的诱惑；我们为了我们的兴趣，曾奋不顾身、夜以继日地工作。——我十分相信，这是当年《文史知识》的朋友们今天仍然坚持的信念。

"大江东去，浪淘尽，千古风流人物。故垒西边，人道是，三国周郎赤壁……"

"旧时王谢堂前燕，飞入寻常百姓家。"

世事沧桑，有多少曾经辉煌、曾经显赫的东西在岁月的脚下已经化作尘土，消散得无影无踪，一切都在变化着。

但是，《文史知识》的朋友，他们创业中洋溢出的那种精神，做人的品质，对生活的热情，对实现梦想的全身心投入，却永远存在，它将随着岁月的流逝而更让人感到温暖和怀恋。

2010 年 7 月

国家重大出版工程

《大中华文库》工作委员会
地址：北京市西城区北礼士路54号
邮编：100044
电话：010-88376804
传真：010-88376804
邮箱：zтk@vip.sina.com

大中华文库
（汉英对照）

Library of Chinese Classics
Chinese-English

什么是生活，有人曾经说过，生活就是梦想和兴趣的演变，这话说得很透彻、很生动。

我们为了明天的梦想，曾经放弃了无数的诱惑；我们为了我们的兴趣，曾经夜以继日、奋不顾身地工作。我十分相信，这是青年们地工作。我十分相信，这是青年们"文史知识"的朋友们，今天我们坚持的信念。

杨牧之祝贺《文史知识》三十年

为《文史知识》三十年题词

编辑部里的年轻人　　**219** ●

再版后记

几个月前，中华书局的朋友跟我说，希望把《编辑艺术》重印一遍。我没有同意。后来，他们又来谈，说有不少青年编辑辗转借到一册，整本复印，我听了大为感动。

这本小书中所谈的十五个问题，不过是当年我在编辑《文史知识》时的一点体会，也可以说是编辑部的朋友们共同的实践经验的总结。今天看来已经很不够，也许只能当作一种历史来看了。不过，当我检出前辈们给刊物的题词，尤其是看到往日创业时的照片，那些全身心投入，心无旁骛、心无杂念的纯真的脸庞，那些青春的岁月，一一回到眼前。

这里还要提到支持我们的两位前辈。一位是当时中华书局的总经理王春，一位是当时中华书局的总编辑李侃。李侃同志敏锐地捕捉到时代的需要，发起创办《文史知识》，订定宗旨，明确方向，功不可没。王春同志全力呵护，扶持成长，让人怀念。正是他们把握了时代脉搏，才有《文史知识》的诞生与成长。

回忆往昔岁月，让我感慨丛生。

什么是生活？有人曾经说过，生活就是梦想和兴趣的演出。这话我很欣赏。我们为了明天的梦想，曾放弃了无数的诱惑；我们为了我们的兴趣，曾奋不顾身地工作。——我十分相信，这是当年《文史知识》的朋友们，今天仍然坚持的信念。

我们的工作好比是一块砖，让后来的同行踩着它前行。我们要无愧于我们的志向，无愧于自己的梦想。

杨牧之

2006 年春天